Dettmann/Weber · Eifeler Bräuche

Rolf Dettmann
Matthias Weber

Eifeler Bräuche im Jahreskreis und Lebenslauf

Ein Bilder-
und Lesebuch
für alt und jung

Verlag J. P. Bachem in Köln

Hubert Meyer zum Gedächtnis –
und für alle,
die die Eifel lieben

Erste Auflage · 1981
Satz und Druck: J. P. Bachem, Köln
Reproduktionen: Willy Kühl, Köln
Einband: Hunke & Schröder, Iserlohn
Printed in Germany
ISBN 3-7616-0570-6

Inhalt

Vorwort

Dieses Buch wollte Hubert Meyer, der ehemalige Blankenheimer Museumsleiter, schreiben. Durch seinen allzu frühen Tod im Mai 1979 war es ihm nicht mehr vergönnt, die Idee, mit der Rolf Dettmann an ihn herangetreten war, zu verwirklichen. Die jetzigen Autoren, ihm beide freundschaftlich verbunden, bedauern dies sehr. Meyer, der hochbegabte Autodidakt in Eifeler Volkskunde und Museumsdidaktik, war Sohn der Eifel. Er stammte aus Gemünd. Für »sein« Museum tat er alles. Bei Eröffnung einer Ausstellung in Schleiden wurde er mitten aus seinem Metier abberufen, holte ihn der »Sensenmann«, wie er vielleicht selbst gesagt hätte.

Dem Gedächtnis an diesen vortrefflichen Mann und Eifelfreund, dem man bei Verleihung des Rheinland-Talers bezeugte, er sei »Eifeler vom Typ und Rheinländer von Gemüt«, widmen die Autoren nun dieses Buch. Das von ihm in vielen Jahren gesammelte Material haben sie hierin – so weit wie möglich – verarbeitet. Seiner Gattin, Frau Anny Meyer, sowie seiner Tochter, Frau Ursula Imai-Meyer, sagen sie von Herzen Dank für dessen freundliche Überlassung. Möge unser Eifelfreund nun vom Himmelstor froh auf diesen Versuch herabblicken, »seine« geliebten Eifeler Bräuche den Leuten nahezubringen, sie ihnen gleichsam – ohne erhobenen Zeigefinger – ans Herz zu legen. Ihm war diese Aufgabe wie auf den Leib geschnitten, sowohl seiner nahezu intimen Kenntnis des letzten Eifelwinkels nach, als auch wegen seiner belebenden Sprache und Phantasie. Die verschiedensten Eifeler Dialekte zwischen »Moselfränkisch« und »Ripuarisch« beherrschte er virtuos wie ein begabter Dolmetscher seine Fremdsprachen.

Vieles von dem Brauchtumsgut, das Hubert Meyer im Laufe der Jahre gesammelt hat, fiel der modernen Zeit zum Opfer. So kennt man zum Beispiel heute kaum noch den Schmun-zeln verursachenden Brauch des »Häuserstippens« vor der Hochzeitsnacht. In Meyers Notizen heißt es dazu als Frage: »Hält das Haus die Liebe aus?« Pardon! Auch so etwas gab's in der Eifel.

Solche Bräuche lassen sich kaum im Heimatmuseum aufbewahren oder darstellen. Wer hätte dies besser gewußt als der unermüdliche Museumsmann und Sammler Hubert Meyer? So lief sein Sammeln der Eifeler Bräuche folgerichtig auf eine spätere, umfassende Veröffentlichung in Buchform hinaus, damit wenigstens die Erinnerung an solche vergessenen Bräuche erhalten bleibe. Meyer hatte Sinn für das dem modernen Menschen vermutlich teilweise kurios erscheinende Brauchtum der Eifel. Er war ja selber »Kind der Eifel« und verdankte seiner Heimat viel. Eifeler Volks- und Brauchtum bei jeder Gelegenheit in Wort und Schrift in seinem kulturellen Eigenwert vorzustellen und ihm so vielleicht seinen tiefsten Respekt zu bezeugen, wurde ja fast zum selbstgewählten Dauerauftrag seines späteren Lebens. Meyer selbst war im wahrsten Sinne des Wortes volksnah und volkstümlich, eben weil er den Menschen mit seinem Tun Gutes erwies. Dieses beispielhafte Verhalten wird ihn überdauern.

Die Autoren dieses Buches freuen sich, hiermit dazu beitragen zu dürfen, wenigstens noch ein Stück von Meyers vielfältigen Vorhaben in die Wirklichkeit umzusetzen. Die hier erstmals in dieser Geschlossenheit veröffentlichten Tuschezeichnungen von Rolf Dettmann, Kronenburg, erschienen vereinzelt schon in den 50er Jahren in lokalen Heimatblättern des damaligen Kreises Schleiden. Hubert Meyer betreute diese seinerzeit als Journalist. Ferner brachte das Altenhilfswerk einer Kölner Zeitung im Jahre 1976 eine kleine Reihe davon in einem Kalender heraus. Als die Zeichnungen entstanden, waren die Anschauungs- und Beobachtungsmöglichkeiten für die dargestellten Eifeler Bräuche mit Sicherheit noch größer als heute. Wenn es sich bei den hier zusammengefaßten Bildern auch nicht um Dokumentationen im Wortsinne handelt, belegen sie doch manche Bräuche, die heute nicht oder so nicht mehr in Übung sind. Dadurch erhalten diese Bilder ihren besonderen kulturgeschichtlichen Reiz und Wert über den immer noch als ursprünglich angesehenen Eifelraum hinaus. In der Einzelbeschreibung wird darauf näher eingegangen.

Dieses Bilder- und Lesebuch möge gleichermaßen alt und jung erfreuen. Bei den einen möge es die Erinnerung stützen, bei den anderen die eigene Phantasie anregen. Möge es aber auch Land und Leuten der noch weitgehend naturhaft schönen Eifel alte Freunde erhalten und neue Freunde gewinnen.

Köln und Kronenburg, im Herbst 1980

Einführung

Bräuche und Sitten verbinden seit jeher die Menschen auf besondere Weise miteinander. Sie kommen ja auch weitgehend ihrem Bedürfnis nach Gemeinschaft und Geselligkeit entgegen. Zugleich sind sie immer auch Ausdruck gemeinsamen Denkens und Fühlens gewesen, sowohl gleichen Glaubens als sicher auch – gelegentlich – Aberglaubens. Allein in dieser Ausdrucksvielfalt liegt schon eine wesentliche Ursache für ihren Wandel. Wenn sich die Vorstellungen der Menschen von ihrer Welt und Umwelt ändern, ist zumeist auch ein verändertes Verhalten, ob Tun oder Unterlassen, nicht mehr weit – und sei es nur, daß alte Formen neue Inhalte, das heißt einen anderen Sinn bekommen.

Bei der »Knallerei« auch in der Silvesternacht der Eifel denkt wohl kaum noch ein Zeitgenosse unserer Tage an Geister- oder Dämonenvertreibung mit solch lautem Tun, wie dies ehedem die Vorfahren taten. Dennoch empfindet er offenbar die farbenprächtigen »Blumen« dieses Feuerwerks als schön. Gleichsam als Willkommensgruß für das Neue Jahr, mit dem er vielleicht die Hoffnung verbindet, daß etwas von der Pracht und dem Glanz des Lichterspiels im kommenden Jahr erhalten bleibe, für seine Mitmenschen und – natürlich – für sich selbst.

Wem bisher als Hüter oder Wächter von Sitte und Ordnung an einem gut funktionierenden Gemeinwesen und Gemeinschaftsleben der Menschen in Stadt und Land gelegen war, unterstützte und stützte durchweg deren Bräuche. Vielfach paßte er sie seinen Zwecken an und förderte in erster Linie solche besonders nachdrücklich, die aus seiner Sicht die richtigen waren. In diesem Bemühen standen bislang weder Staat noch Kirche abseits. Ja gerade kirchliches Brauchtum wird in der Eifel mit ungewöhnlicher Anhänglichkeit und Liebe gehegt und gepflegt – bis heute noch. Die einfachste Erklärung dafür ist, daß Kirchenjahr und Brauchtum nicht ohne einander auskommen. Sie gehören eben nicht nur kalendermäßig zusammen, sondern auch »wesensmäßig und abstammungsgemäß«, wie der Theologe Theodor Schnitzler es ausgedrückt hat. Der Staat wurde bei der Brauchtumspflege in der Eifel meistens vertreten durch den Schullehrer, der lange Zeit die alte Dorfschule leitete, die Kirche durch den Pastor, den »Här«, wie ihn die alten Leute nannten. Die Verhältnisse haben sich heute wesentlich gewandelt, ganz besonders im Eifeldorf. Seit den Tagen der Schulreform gibt es den Dorfschullehrer nicht mehr. Und wegen des Priestermangels stehen viele Pfarrhäuser leer, sind etliche Pfarrstellen vakant. Außerdem änderten sich die Zeiten ja auch politisch. Die Vorstellung von »Kaiserwecken« bewahren allenfalls nur noch sehr alte Eifelbewohner, einfach deshalb, weil es sie nur zu Kaisers Zeiten am Geburtstag des Monarchen gab. Und diese Zeiten gibt es schon seit dem Ende des Ersten Weltkrieges (1918) nicht mehr.

Auch Bräuche im Kirchenjahr wie im kirchlich geprägten Lebenslauf wird es ja vermutlich solange geben, wie die Kirche selber Wert darauf legt, dafür sorgt oder mindestens ermunternd und fördernd dahinter steht. Damit sind kaum in erster Linie liturgische Vorgänge wie Weihe der Osterkerze oder des Taufwassers gemeint. Für sie gibt es andere und sichere Garantien. Aber, wer sorgt an Dreikönigen dafür, daß etwa die Meßdiener als Sternsinger ausziehen oder in der Karwoche die Kläpperjungen zur Messe rufen, wenn Schullehrer und Pastor nicht mehr so zur Hand sind wie noch vor zehn Jahren? Wir wollen diesen Gedanken hier nur beispielhaft andeuten.

Eines bleibt dennnoch unstreitig: Es wäre wenig sinnvoll, den Wandel im Eifeldorf deshalb zu beklagen, weil ihm auch liebgewordene Bräuche und Sitten zum Opfer gefallen sind, vorübergehend oder sogar endgültig. Auch die überzeugtesten Bräuche-Liebhaber werden ja die positiven Seiten dieses Wandels nicht übersehen wollen. Wer von ihnen würde die heutige Form des Brotkaufs beim Eifelbäcker, wohne er am Ort oder komme er mit seinem Lieferwagen regelmäßig ins Dorf, deshalb gering schätzen, weil sie die Sitte des Hausbackens im eigenen Steinbackofen oder des Lohnbackens im alten Gemeindebackes ablöste, gar verdrängte? Sicher hängt sein Herz auch nicht am alten Brauch der Eifeler Totenwache im Sterbehaus des Verblichenen. Die vielen neuen Leichenhäuser, oft verbunden mit schönen Friedhofskapellen, erscheinen dafür dann doch angemessener und – wo noch nicht vorhanden – höchstens eine Frage der Zeit zu sein.

Bräuche gehen mit dem Wandel der Zeit zum Teil ganz unter, verschwinden gleichsam von der Bildfläche wie aus dem Bewußtsein der Menschen, spätestens in der nachfolgenden Generation. Teilweise wandeln sie sich aber nur, oder es entstehen sogar völlig neue. Oft kommt der Anstoß dazu von außen. Noch lange nach der Jahrhundertwende fand in der Eifel zu Mariä Lichtmeß (2. Februar) der sogenannte Gesindewechsel statt. Die Bauern suchten vorher auf den Gesindemärkten die passenden Knechte und Mägde, und umgekehrt. Heute ist in der Eifel die Bezeichnung »Gesinde« längst kein Wort der Umgangssprache mehr. Mit der Sache verschwand auch der Begriff. Niemand trauert dem nach oder kommt gar auf die Idee, die Arbeitsämter dafür verantwortlich zu machen.

Andererseits wächst neues Brauchtum aus Gelegenheits- und Geselligkeitsveranstaltungen mit oder auch ohne besondere Stifterabsicht – ob man dabei an die Säubrennerkirmes in Wittlich denkt oder an sommerliche sowie adventliche Bazare für einen »guten Zweck«. Vielfach sind bei letzterem mit bewundernswerter Stetigkeit katholische Frauengemeinschaften damit erfolgreich befaßt und schaffen – ohne es zu wollen oder zu bedenken – im betreffenden Ort eine Art Zusatzkirmes, die vom Gedanken des Kirchweihfestes so weit entfernt ist wie die Sonne vom Mond.

Für vielfach neu entstandene Pfarr-, Schutzhütten-, Sommer-, Herbst- oder anders bezeichnete Heimatfeste gilt im Prinzip ähnliches. Im Jahre 1979 konnte das Gerolsteiner Sprudelfest, ein Volksfest, das seine Entstehung einem international bekannten Gewerbe der Brunnenstadt Gerolstein verdankt, schon sein zehnjähriges Bestehen feiern. Vielfach bestimmen bei solchen neuen Bräuchen, die schnell Schule machen, gemeinnützige Überlegungen Richtung und Ziel. Kleinstädte oder Dörfer der Eifel ohne einen Veranstaltungskalender mit derartigen Festen geraten immer mehr in die Minderheit. Um diese Veranstaltungen alle zeitlich günstig unterzubringen, bedarf es allmählich einer nicht gerade leichter werdenden Abstimmung zwischen den Orten, damit möglichst jedes Dorf zur Zeit zu seinem Fest kommt. Man mag solche Aktivität »toll« finden, weil dadurch gerade hier so viel »los ist«, oder auch als neumodisch abtun und gar bedauern, daß sich derartige Feste eingebürgert haben, die ja auch das Portemonnaie nicht gerade ungeschoren lassen. Dennoch wird man nicht von der Hand weisen können, daß solche in der Regel gut und mit viel Einsatz freiwilliger Kräfte organisierten Festveranstaltungen insgesamt rege und gemeinschaftsbildende Lebensäußerungen eines Ortes sind. Nicht allein das Eifeldorf zeigt in dieser Hinsicht unverkennbare Ansätze zu neuen Sitten und Bräuchen, wohl wurden sie hier etwas später und dann um so schneller und intensiver sichtbar. Immer bleibt daneben aber auch noch viel altes Brauchtum bestehen, jedenfalls solange es am Ort organisierte Gruppen, sprich Vereine, gibt, die sich darum kümmern, auch wenn der Schullehrer und der Pastor nicht mehr da sind. Im Ergebnis macht es ja keinen Unterschied, ob sich die Freiwillige Feuerwehr auf dem Eifeldorf um den Martinszug bemüht, oder ein örtlicher Heimat- oder Musikverein. Hauptsache ist doch wohl, die Dorfkinder erleben diesen schönen Brauch weiter, und zwar mit allem, was dazu gehört: mit Feuer, Fackeln,

Liedern und Wecken, auch wenn die Fackeln nicht mehr aus ausgehöhlten Feldkohlrabi, sondern aus Karton und Buntpapier sind.

Es ist geschrieben worden: »Ohne Brauchtum gibt es kein familiäres und kein dörfliches oder kleinstädtisches Leben« (Schnitzler). Die Richtigkeit dieses Satzes wird sicher kaum jemand bezweifeln. In der traditions- und gemeinschaftsbildenden Wirkung liegt ja gerade die besondere Kraft und Aufgabe des Brauchtums. Gemeinsame Bräuche schaffen gemeinsames Erleben von Erfolg und Freude.

Nun ein Wort zu diesem Buch. Eine Anfangsschwierigkeit bestand darin, zum einen aussagefähige Eifeler Bräuche exemplarisch auszuwählen; sind sie noch richtig im Schwange oder bereits vergangen? Sodann tauchte die Notwendigkeit auf, die auserkorenen Bräuche in eine bestimmte Reihenfolge zu bringen. Ausgangsschwierigkeit war dabei die Tatsache, daß es Bräuche im Jahres- und im Lebenslauf gibt. Das Jahr dauert bekanntlich nur zwölf Monate, aber ein möglichst langes Leben wünscht sich schließlich jeder. Beide Abfolgen von so unterschiedlicher Dauer im Kranz ihrer Bräuche miteinander zu mischen oder nacheinander darzustellen, war also das Problem. Die Autoren entschieden sich für die letztere Möglichkeit; sie gaben dem Jahreskreis den Vorrang in der Darstellung. Sie ließen sich dabei einmal von dem Gedanken leiten, eine leicht überschaubare Übersicht zu bieten, und zum anderen von der Tatsache, daß der Mensch im Laufe seines Lebens gleichsam »alle Jahre wieder« durch eigenes Miterleben in die Bräuche des Jahreskreises hineinwächst, häufiger, als er die Stationen seines Lebenslaufes, sozusagen »von der Wiege bis zur Bahre«, erreicht.

Eine zweite wichtige Gliederungsfrage war die, ob für die Darstellung das Kirchen- oder das Kalenderjahr als Leitlinie geeigneter wäre. Das Kirchenjahr, das bekanntlich ja mit dem ersten Adventssonntag beginnt, ist gleichsam als Jahr im Jahr um einen Monat gegenüber dem Kalenderjahr verschoben.

Obwohl das in der heutigen Form in der Kirchengeschichte nicht immer so war, hätte die Fülle kirchlich geprägter Bräuche für dieses Prinzip gesprochen. Der eigentliche Pluspunkt, der für die Gliederung nach dem Kalenderjahr sprach, war dessen größere Bekanntheit und praktische Bedeutung, und zwar, weil die Menschen fast täglich auf den Kalender schauen und von ihrer Schulzeit an gewohnt sind, ihre Arbeitszeit und ihre Ferien danach zu ordnen. Die hohe liturgische Bedeutung des Kirchenjahres bleibt davon selbstverständlich unberührt. In mannigfaltiger Hinsicht rechnet ja auch die Kirche selbst mit beiden Jahren. Einfachstes Beispiel: Wenn das Kirchenjahr knapp einen Monat im Gange ist, feiert die Kirche mit den Gläubigen am Silvesterabend die Jahresschlußmesse, also völlig kalendermäßig orientiert. Gerade diese Messe ist auf dem Eifeldorf sehr beliebt und entsprechend stark besucht, einmal sicher wegen der Feierlichkeit des Jahreswechsels, für die man sich Zeit nimmt. Zum anderen aber auch, weil der Priester in dieser Messe einen Auszug aus der Chronik des verflossenen Jahres vorträgt, der die Menschen sehr besinnlich stimmt.

Noch ein einführendes Wort zu den Eifeler Bräuchen selbst. Bereits im Jahre 1844, als weder Eisenbahnen noch Autostraßen in die Eifel führten, schrieb der berühmte Bonner Historiker Ernst Moritz Arndt in seinem schönen »Wanderungen-Buch« über die Eifel die lobenden Worte: »Sie hat des Schönen und Reizenden viel; sie ist wie alle Berg- und Waldlande vor den meisten anderen Bezirken in Sitte, Art und Lebensweise eigentümlich.« Diese Eigentümlichkeit der Landschaft unserer Bräuche schien ihm von solchem Gewicht, daß er jedem Rheinlandbesucher, »den wirklich Lehrreiches und Erquickliches zu sehen gelüstet«, empfahl, »vor allen Dingen die Eifel nach mehreren Richtungen von verschiedenen Punkten aus zu durchwandern. Er wird gewiß vieles sammeln und aus ihr nach Hause mitnehmen, was er gern in fröhlicher Erinnerung bewahren wird.« Ein Wort

– so scheint uns –, das auch heute seine Gültigkeit noch nicht eingebüßt hat, trotz des Wandels vieler Eifeler Bräuche und der allgemeinen Veränderungen.

Aber, wie der Name Eifel in Wirklichkeit ein Sammelbegriff ist für eine Fülle von der Natur verschieden gesegneter und gestalteter Landstriche, so unterschiedlich sind in der Eifel auch Sprache, Volks- und Brauchtum je nach räumlicher Nähe etwa zum Moselfränkischen im Trierer Raum oder zum Ripuarischen im Kölner Gebiet. »Wie in der Mundart und in anderen Lebensformen, so erscheint die Eifel auch in den Grundlagen des Brauchtums nicht als Einheit«, schreibt der Bonner Volkskundler Matthias Zender. »Als breiter Gürtel«, fährt er fort, »durchqueren Mundartgrenzen die Eifel von Luxemburg und Malmedy bis zum Vinxtbach und zur Ahrmündung. . .« und: »So überlagern sich in gleicher Weise in einem breiten Band Bräuche, die über die Nordeifel mit der Kölner Bucht oder der Jülicher Börde . . . zusammenhängen, und solche, deren Kerngebiet sich an der Mosel, in der Trierer Gegend oder am Mittelrhein findet« (Zender).

Dennoch weisen die Eifeler Bräuche, die etwa ihren Ursprung in der Kölner Gegend hatten, in der Eifel selbst erhebliche Unterschiede gegenüber dem Flachland auf. Verkürzt läßt sich sogar sagen, daß die Eifelbevölkerung sie ursprünglicher, das heißt mehr »mit Resten früherer Bedeutung« (Zender) vor dem Untergang bewahrt hat.

Martinszüge gibt es zum Beispiel noch jede Menge in den rheinischen Großstädten. Martinsfeuer dagegen, wie sie in der Eifel gang und gäbe sind, sind hier kaum noch zu sehen, schon wegen der fehlenden freien Flächen. Nicht immer war es nur der städtisch-bürgerliche Einfluß, der mit verstandesmäßiger Nüchternheit Bräuche inhaltlich veränderte oder ihnen den Garaus machte. Ursache konnte auch ein andersgearteter gesellschaftlicher Mißbrauch sein. Gerade in bevölkerungsreicheren Stadtregionen war ein solcher leichter zu bewerkstelligen als auf den gut überschaubaren Eifeldörfern, wo jeder jeden kannte. So berichtet uns Joseph Klersch aus Köln über das dortige Absterben des Sternsinger-Brauchs in der Franzosenzeit um 1800: »Das in den Dörfern trotz des Heischegangs würdig bleibende Spiel erlag in der Stadt schon früh der Gefahr unkontrollierten Brauchtums und wurde namentlich von Bettelstudenten mißbraucht. Schon 1621 gerieten Studenten, die, als Könige verkleidet, in weißen Kleidern umgingen, einer von ihnen mit geschwärztem Gesicht, mit der Polizei in Konflikt. Im Jahre 1632 erklärt ein Student aus Vianden auf die Frage, wovon er lebe, ›er were einmahl oder zwei mit dem sternen herumber gangen, sonsten haben seine eltern die notturft verschafft‹. Im Jahre 1736 aber war das Sternsingen so entartet, daß der Rat klagte, Studenten und Vagabunden liefen mit dem Stern herum und bettelten. Unter diesen Umständen war es kein Verlust, daß das Sternsingen . . . in der Zeit der Französischen Revolution verschwand.«

Dörfliche Gemeinwesen wie die in der Eifel scheinen demnach für die Bewahrung der Ursprünglichkeit von Bräuchen wie der Bräuche überhaupt geeigneter als größere städtische Siedlungen mit einer stärker wechselnden und schwerer überschaubaren Bevölkerung. Wer also zum Beispiel den Blankenheimer Geisterzug am Fastnachtssamstag, das Burgbrennen im Bitburger, Prümer oder Kronenburger Land am ersten Fastensonntag, die Kläpperjungen der Vulkaneifel in der zweiten Hälfte der Karwoche, die Schönecker Eierlage am Ostermontag oder die Wittlicher Säubrennerkirmes Mitte August – um nur einige der hier im Buch dargestellten Eifeler Bräuche zu nennen – original erleben will, komme oder begebe sich in die Eifel. »In kaum einem anderen deutschen Gebiet haben sich die alten Brauchtumsformen so ursprünglich erhalten wie hier« (Zender). Möge dieses Bilder- und Lesebuch an den schönen Eifeler Bräuchen neue Freude wecken und die Liebe zu Land und Leuten der Eifel mehren!

Bekannt . . .machung! / Bellmann

In Hillesheim erinnern sich auch noch junge Leute an »Botzen Hein'sche«, ältere sogar noch an den »ahlen Henn«. Beide gingen hier im Ort rund »met de Schell«, als Bellmann, wie so mancher ihrer Berufskollegen in den meisten anderen Ortschaften der Eifel.

Sie hatten die ebenso unentbehrliche wie damals noch unersetzbare Aufgabe zu erfüllen, jeweils die neuesten Nachrichten der Gemeindeverwaltung, »vom Amt« möglichst bald und vernehmlich an den Mann sowie unter das Volk zu bringen. Dazu brauchten sie zunächst einmal einen guten Schuß Mut, vor so vielen Zuhörern aufzutreten, sodann eine klare Stimme, damit ihre »Bekanntmachungen« auch deutlich vernommen wurden, aber nicht zuletzt auch die eindrucksvolle Gebärde, um mit Amtsmiene der verkündeten öffentlichen Sache die gehörige Aufmerksamkeit zu verschaffen. Ihr wichtigstes Instrument und zugleich auch Zeichen ihrer unübersehbaren Würde war aber ein metallisch tönendes, die »Dorfschelle«. Es gibt sie zwar bis heute noch, von manchem Ortsvorsteher gut aufgehoben, um notfalls ganz Dringendes schnell auszuschellen, wenn die Druckerei des »Amtsblättchens« im Tempo nicht mithält.

Die beruflichen Voraussetzungen des guten alten Bellmanns waren durchaus überschaubar. Eine Schauspielerausbildung brauchte er nicht. Das soll jedoch keinesfalls heißen, daß die Ausübung seines Berufes auf die hohe Kunst der Mimik hätte ganz und gar verzichten können. Was da allwöchentlich allen Ernstes rund durch das Dorf zur Verlesung gebracht werden mußte, durfte die Publikumswirkung kaum außer acht lassen. Mit deutlichen und nachdrücklichen Gesten war die jeweilige Bekanntmachung vor den Zuhörern zu unterstreichen.

Nicht jede verlesene Mitteilung leuchtete den Zuhörern auf dem Dorf, die nicht alle Tage mit dem gehobenen Amtsdeutsch Berührung hatten, auf Anhieb ein, auch wenn sie akustisch durchaus auf offene Ohren gestoßen war. Was lag also näher für den Empfänger solcher Nachrichten, als daß er den Verkünder dieser Botschaften direkt nach ihrem eigentlichen Gehalt befragte. Unser guter Bellmann mußte dann natürlich überzeugend Rede und Antwort stehen und dabei gleichsam Amtssprache in Volksmund übersetzen. Das alles war seines Amtes und, wie wir sehen, gar nicht so einfach. Es setzte also sein inniges Mitempfinden voraus, sowohl mit den Verfassern solcher Botschaften als auch mit deren Adressaten. Das Amt des Bellmanns erforderte also auch Fingerspitzengefühl, Sensibilität.

Die Berufsgruppe des Bellmanns gibt es heute nicht mehr, weder in der Eifel noch anderswo. Ihre letzten Vertreter mögen zwar hier und da noch ihren wohlverdienten Ruhestand genießen, aber auch als Rentnerbeschäftigungsmöglichkeit gibt es die Aufgabe des Bellmanns heute nicht mehr. Die Mitteilungen, die allwöchentlich im »Wochenspiegel« und im »Amtsblättchen« bis in die Haushalte gebracht werden, hätte der gute alte Bellmann kaum in dieser üppigen und bunten Fülle im Dorf verlesen können.

Zum Nachteil gegenüber früher muß jetzt aber jeder Nachrichtenempfänger alles selber lesen und vor allem unterscheiden und entscheiden, was wichtig und was nebensächlich ist. Fragen, die er früher persönlich an den Bellmann richten und sich von ihm beantworten lassen konnte, muß er sich jetzt selber stellen und auch die Antwort darauf suchen. Die Vorteile des heutigen amtlichen Mitteilungsblattes liegen gerade in den Verbandsgemeinden der Eifel in der sehr breiten Berichterstattung und in den vielen Rubriken, einschließlich derjenigen für »Vereine und Verbände«. Seine Form der Nachrichtenübermittlung hat aber gegenüber der durch den Bellmann eine gewisse Einbuße an Unmittel-

barkeit im Kontakt mit dem Bürger zur Folge gehabt.

Die Dorfbewohner mußten sich darauf ein- und umstellen. Der gute Bellmann hat seine Schuldigkeit getan. Er wird nicht wiederkommen. Wir möchten ihm hier ein kleines Denkmal setzen, in Bild und Wort, ob er nun »Botzen Hein'sche«, »ahlen Henn« oder, wie in Wittlich, »Polizei-Knodt« hieß. Mit ihm wollen wir beginnen, die schönen Eifeler Bräuche »bekanntzumachen«.

Alle Jahre wieder / Bräuche im Jahreskreis

Prost Neujahr! / Neujahrsbräuche

Im nahen Eifelstädtchen sind die letzten Einkäufe beim Lebensmittelhändler, Metzger und Bäcker erledigt. Viele gute Wünsche für »Ne joode Rutsch« sind bereits ausgetauscht. Der freundliche Metzger legte sogar noch ein Stück Wurst gratis dazu. Viele Fachgeschäfte haben ihr Neujahrspräsentchen bereits an ihre Kunden verteilt.

Daheim auf dem Küchentisch strahlen einen die zuckerbestreuten und glasierten Brezel sowie der Neujahrskranz verführerisch an. Man möchte jetzt schon hineinbeißen. Doch bis zum Jahreswechsel dauert's ja nur noch ein paar Stündchen.

Im Kühlschrank stehen schon zwei Flaschen Sekt kalt: Eine für die Ananasbowle heute abend; die andere zum Anstoßen um zwölf Uhr diese Nacht, wenn die Kirchenglocken das Neue Jahr einläuten und draußen die Leuchtraketen pfeifen und steigen. An der Wand in der Küche und im Wohnzimmer hängt schon der neue Kalender von der Sparkasse und aus dem Lebensmittelladen. Noch ist das Deckblatt nicht abgerissen.

Fünf Stunden später. Der »Jahresschluß« in der Pfarrkirche ist schon wieder vorbei. Der alte Pastor von auswärts »tat« ihn sehr zügig und schön. Er gab den Pfarrkindern die wichtigsten Jahresdaten der Pfarrgemeinde bekannt: 8 Taufen, 8 Eheschließungen, 8 Sterbefälle. Die Namen der Toten, die im vergangenen Jahr hier noch dabei waren, verlas er einzeln. Die Kirchenbesucher standen dabei von ihren Plätzen auf. Eine erhebende Geste in dem bis auf den letzten Platz gefüllten Gotteshaus.

In der Predigt knüpfte der Priester an das Gleichnis vom Feigenbaum an, der drei Jahre keine Frucht gebracht hatte. Ein Anstoß zur persönlichen Besinnung. Dieser Jahresschlußgottesdienst ist auf dem Eifeldorf beliebt. Das Jahr in der Gemeinde zieht dann noch einmal vor dem geistigen Auge vorüber. Kurz danach ist draußen vor der Kirchtüre überall zu hören: »Kott joot en et neije Joar!« oder »Joode Rutsch!« und »Danke, öch och!«

Eine halbe Stunde vor 12 Uhr in der Silvesternacht. Der zunehmende Mond erleuchtet die mit Schnee bedeckte Winterlandschaft. Die Neonleuchten im Dorf wären eigentlich entbehrlich. Die Temperaturen halten sich in diesem Winter in Grenzen, ganz im Gegensatz zum vergangenen Jahr, wo um die Mittagszeit am Silvestertag plötzlich der große Kälteeinbruch aus dem Norden kam. Kein Verkehr auf den Straßen. Von weit her ab und zu das vorwitzige Knallen eines Feuerwerkskörpers. Auch auf den Eifelhöhen herrscht noch Ruhe.

Vom gemütlichen Feiern in der Dorfwirtschaft, wo die Wirtin wieder ein tolles kaltes Buffet für die Gäste des Abends »gezaubert« hat, ist draußen nichts zu hören. Ist man noch ins Kartenspiel vertieft? Oder schwätzen die alle so leise? Auch aus den Häusern dringt kaum ein Laut. Viele Dorfbewohner lassen sich von den Künsten des beliebten Showmasters der Silvesterparty im Fernsehen faszinieren.

Wenige Minuten vor 12 Uhr gehen dann die ersten Feuerwerkskörper und Leuchtraketen hoch. Sie zerplatzen mit lautem Knall zu bunten Lichtsträußen: grün, gelb, rot, rosa, blau und violett. Dann hört und sieht man auch die Knallerei auf den Eifelhöhen. Von weitem ertönt schwaches Glockenläuten. Die Kirchenglocken im Dorf setzen etwas später voll ein. Das neue Jahr hat begonnen.

Drinnen wird mit den gefüllten Gläsern angestoßen. Der guten Wünsche gibts gar viele. Und nicht von ungefähr kommt das Wort »Prost« ja von »Prosit«. »Es möge nützen!« Einige Stunden später leuchtet die Sonne am ersten Tag des neuen Jahres. Ein Jahr zuvor noch zitierte der greise Dechant aus dem nahen Eifelstädtchen im Hochamt des Neujahrstags das Wort von Papst Johannes Paul I.: »Ein neues Jahr ist wie eine neue, noch unbeschriebene Schulkladde.« Er wünschte dann der ganzen Pfarrgemeinde »ein gesegnetes Jahr voll Freude über Gottes Güte und Nähe.« Drei Monate später trug man ihn zu Grabe. So steckt ein neues Jahr voller Unwägbarkeiten. Was ist schon gewiß an seinem Anfang? Die junge werdende Mutter spürt das Kind, dessen Geburt im neuen Jahr bevorsteht, schon mit aller Deutlichkeit. Wird sie es auch heil zur Welt bringen? Auch Ängste schweben in den Erwartungen an das neue Jahr mit. Aber die »Freude über die ›Geburt‹ des neuen Zeitabschnitts« (Henrichs) überwiegt bei weitem alle Befürchtungen darüber, was es wohl auch »Schlechtes bringen« könnte. Immer wieder fasziniert die Menschen der neue Anfang, der das Vergangene hinter sich läßt, der Hoffnung weckt und Aussichten auf Erneuerung eröffnet. Darum entwickelten bisher alle Kulturen so viel Sinn für die Symbolik der Jahreswende. Darum feiern sie alle ihr Neujahrsfest, wenn auch nicht unbedingt wie wir, am 1. Januar. Darum sind auch Lärmen und Schießen, Böl-

ler-, Pistolen-, Gewehrschüsse, Leuchtraketen oder Feuerwerkskörper mit von der Partie. Schließlich gilt es ja seit altersher, Dämonen zu bannen und gute Geister zu wecken. Nur sie verheißen Glück und Erfolg im neuen Jahr. Alle Neujahrswünsche und guten Vorsätze sowie alles Geben und Nehmen um diese Zeit sind Ausdruck solcher Freude und Erwartung. Wir Menschen wollen das neue Jahr froh beginnen, von Arzt und Apotheke an diesem Tag nichts hören und nichts sehen. Nicht ohne Grund heißt es sonst: »Dou fängs dat neije Joar ävver joot aan!«

Hierin liegt auch der tiefere Grund für alle Neujahrsbräuche, auch für den in der Eifel immer beliebter werdenden Silvesterball, und wenn man ihn auch nur als Zuschauer am Bildschirm erlebt. Früher gab's in der Eifel solche Bräuche auch, und nicht zu knapp, aber – zeitbedingt – in anderer Form. In Dahlem im Kronenburger Land begrüßte man das neue Jahr mit Böllerschüssen. Sich ihrer heute zu bedienen, ist schon wegen vieler Sicherheitsvorschriften nicht mehr leicht. In der ganzen Eifel war das Neujahrsanschießen als Brauch bekannt. Die auf Freiersfüßen wandelnden Junggesellen veranstalteten es für ihre verehrten Schönen wie auch für besonders geschätzte Mitbewohner. Dabei sagten sie einen Spruch auf:

»Das Alte ist verflossen,
das Neue wird angeschossen.
Glück zum neuen Jahr« (Schmitz).

Ebenso kennen wir das Neujahrsanspielen der Dauner Burschen über 18 Jahre. Nach 12 Uhr zogen sie in der Neujahrsnacht mit Musikbegleitung vor die Häuser der »Notabeln«. So nannte man um die Mitte des vorigen Jahrhunderts noch die »Höhergestellten« an einem Ort. Dort brachten sie ihnen ein fröhliches Ständchen und ließen durch ihren Ältesten den Glückwunsch zum Jahreswechsel aussprechen. Am Neujahrsnachmittag nahm man dann dafür – nach dem Nachmittagsgottesdienst – an derselben Stelle das »Neujährchen« entgegen. Das war in der Regel ein fein gebackener »Weck« oder eine

Brezel. So hatten beide Teile ihre Freude an dem Brauch. Oft feierten die Burschen anschließend mit einer Tanzbelustigung in der Wirtschaft weiter. Einen solchen »Neijoarwäk« erhielt in Lissingen auch jedes Patenkind vom Paten, bis es schulentlassen war. Während wir uns heute beim Neujahrsanwünschen mit dem schlichten »Prost Neujahr!« ziemlich kurzfassen, wurde dies früher geradezu lustvoll zu einem Wettspiel gesteigert. Jeder wollte im Anwünschen des neuen Jahres bei Bekannten und Verwandten der erste sein. Man nannte dies deshalb auch das Neujahr »abgewinnen«. Der kürzeste Spruch lautete dann:

»Glück zum Neujahr!
Lang zu leben,
Selig zu sterben« (Schmitz).

Die geflochtene Neujahrsbrezel sowie auch der Neujahrsweck, also das »Neujährchen«, schmeckten nicht nur gut – sie waren ja aus feinem Material gebacken und in besonderer Weise »verdient« –, sondern galten auch als alte Symbole des Lebens. »Neujahrsspeisen erhalten die Gesundheit« (Henrichs), war der überlieferte Glaube. Und wer konnte diese nicht das ganze Jahr über gut gebrauchen? In einem Dahlemer Neujahrsspruch kam sogar anschaulich zum Ausdruck, was man als besondere Zeichen von Gesundheit ansah. Etwas erdnahe klang das dann so: »Jlöcksälig Nööjohr, de Kopp voll Hoor, de Mul voll Zänn bes hönnen ahn et Enn!« (Guthausen). Daran mag man auch erkennen, worauf es den Leuten in der Hauptsache ankam.

Es führt Drei Könige Gottes Hand / Sternsinger

Rainald von Dassel hat sich sicher die Wirkungen seines damaligen Tuns nicht träumen lassen. Im Jahre 1164 überführte er als Erzbischof von Köln und zugleich Kanzler des Kaisers Friedrich Barbarossa die Reliquien der Heiligen Drei Könige von Mailand nach Köln – »in einem Triumphzug sondergleichen« (Borger). In Köln gab's zu dieser Zeit weder den kostbaren Dreikönigsschrein noch den hohen gotischen Dom. Beide »Gehäuse« schufen danach erst mittelalterliche Künstler zu Ehren der Heiligen Drei Könige. Das waren keineswegs der Ehren zuviel. Hatten diese Männer doch – nach mittelalterlicher Vorstellung – leibhaftig Christus gesehen und ihm in den Stall von Bethlehem Gold, Weihrauch und Myrrhe als Geschenke mitgebracht. Ein Stern hatte diese Weisen aus dem Morgenland hierhin geführt. Nicht aus Neugierde waren sie gekommen, sondern, um das Kind in der Krippe als »König der Könige« anzubeten und demütig zu verehren. Das war vor Gottes Sohn die geziemende Haltung, auch für »Könige«. Kein Wunder also, daß sie im christlichen Denken der Menschen des Mittelalters als die »Vorbilder aller Könige« (Borger) angesehen wurden. »Kaum einer der in Aachen gekrönten Könige verabsäumte es . . ., nach seiner Krönung in Köln den Heiligen Drei Königen seine Referenz zu erweisen« (Borger). Das ist auch der eigentliche legendäre und geschichtliche Nährboden für unsere kleinen »Heiligen Drei Könige«, die Sternsinger. Alljährlich ziehen sie am Vorabend des 6. Januar oder am Dreikönigstag selbst von Haustür zu Haustür. An ihren »Kronen« und »Gewändern« ist ihr »königliches Dreigestirn« gut zu erkennen, vor allem aber an dem »Stern von Bethlehem«, den sie, auf einer Stange befestigt, mitführen. Sie kommen in jedes Haus, nicht um königliche Geschenke zu bringen, sondern um milde Gaben von den Hausbewohnern zu erbitten. Das war in ihrer langen Tradition schon immer so.

Heute sind die Gaben, die sie heischen, jedoch nicht mehr für die kleinen »Drei Könige« selbst, sondern für Zwecke der Weltmission und der kirchlichen Entwicklungshilfe bestimmt. So will es die Zielsetzung im Sinne der kirchlichen Wiederbelebung dieses mittelalterlichen Brauches nach dem letzten Weltkrieg. Darum besorgen das heutige »Sternsingen« auch durchweg Meßdiener, und deshalb erbitten sie Geldspenden und nicht mehr Naturalien, wie Äpfel und Nüsse. Aber heute hinterlassen die Sternsinger auch eine »Gabe«, ihr bekanntes Kreidezeichen am oberen Rand der Haustür. Zwischen die Buchstaben C, M und B fügen sie noch Segenskreuzchen und setzen links und rechts neben die äußeren Buchstaben je die Hälfte der betreffenden Jahreszahl: 19 + C + M + B + 80.

Diese Zahlen- und Buchstabenreihe ist nicht nur das Erkennungszeichen dafür, daß die Sternsinger da waren, sondern ein altes Segenszeichen. Es diente schon immer als Symbol für »einen Abwehrsegen gegen alles Unheil im kommenden Jahr in Haus und Hof« (Henrichs). Früher machte dieses Zeichen der Eifelbauer selbst und dann meistens auf die Stalltür. Nach volkstümlicher Erklärung gelten die Buchstaben als »Namenszeichen der Drei Könige« (A. Adam). Danach handelt es sich bei ihnen also um Abkürzungen für die Namen Caspar, Melchior und Balthasar. Eine andere, wohl ältere Auffassung erblickt in den Buchstaben den abgekürzten lateinischen Spruch: »Christus mansionem benedicat« (Christus möge das Haus segnen). Die Sternsinger von heute machen aber auch dem zweiten Teil ihres Namens alle Ehre. Sie verstehen sich nach wie vor, wie ihre früheren Vorgänger, auf das Singen eines passenden Heischeliedes. Früher war es das alte, fünfstrophige Dreikönigslied. Heute faßt man sich kürzer und singt beispielsweise in Niederbettingen (Kreis Daun) dies:

»Wir sind die Weisen aus dem Morgenland.
Wir sahen den Stern.
Wir suchten und fanden Christus, den Herrn.
Heute finden wir ihn bei den Kranken und Armen.
Drum bitten wir für sie um ein Erbarmen.
Gebt reichlich, die ihr Geld habt und Brot.
So viele Menschen leiden Not.«

Das Sternsingen am Dreikönigstag ist also schon ein alter Brauch. Man führt ihn auf Schülergewohnheiten an Bischofssitzen und Stiften des Hochmittelalters zurück. Manche Autoren sehen diesen Brauch als eine Folge des alten Dreikönigenspiels an, das als Mysterienspiel schon im 13. Jahrhundert bezeugt ist (Klersch).

Speziell für die Eifel wird der Brauch des Sternsingens aber als kindertümliche Folge aus dem Dreikönigenspiel der Erwachsenen angesehen. Bei diesem Spiel war es üblich, am Vorabend des Dreikönigstages, einem der sogenannten Hofabende, den Bohnenkönig und die Bohnenkönigin zu wählen. Es wurden zwei Kuchen gebacken mit je einer schwarzen und einer weißen Bohne darin. Wer dann nach dem Aufschneiden des Kuchens das Stück mit der schwarzen Bohne bekam, war »gewählter König«, wer das Stück mit der weißen Bohne erhielt, »Königin«. Die auf diese Weise gewählten »Majestäten« bedankten sich für diese Ehre dadurch, daß sie einen Schmaus spendierten. Die Wahl konnte auch durch einfaches Auslosen von Zetteln erfolgen, auf denen das Wort »König« oder »Königin« stand. Ein drittes »Wahlverfahren« bestand darin, daß der Hausvater einfach die entscheidenden Worte vor dem Tischdecken unter zwei Eßteller schrieb. Nach dem Essen wurden dann die leeren Teller umgedreht, und das neue »Königspaar« stellte sich heraus.

Über dieses »Dreikönigenspiel« hinaus, das eigentlich mit der Legende von den Heiligen

Drei Königen nur die Bezeichnung »König«, das Datum und den Gedanken des Schenkens (Spendierens) gemeinsam hatte, gönnten sich die Erwachsenen am Dreikönigstag auch noch den öffentlichen Bohnenball als angenehme Abwechslung im Grau des harten Alltags. Da lag es dann nahe, daß sich die findigen Eifeler Kinder und Jugendlichen, die von all den Belustigungen ihrer »Alten« nichts hatten, »ihr besonderes Vergnügen« (Wrede) im Dreikönigs- oder Sternsingen suchten und fanden. »In Münstereifel trug der Mohrenkönig, Balthasar, einen besonders großen, drehbaren Stern« (Wrede). Aus Münstermaifeld wird berichtet, daß sich hier die Jugendlichen noch etwas anderes einfallen ließen. Sie führten in den besuchten Häusern sogar »die Legende der hl. Drei Könige« (Wrede) auf. So erschienen unter ihnen Herodes mit gezücktem Schwert, sein Diener, die Heiligen Drei Könige, Schäfer, Engel und ein Schriftgelehrter sowie ein Sängerchor. Dadurch war dann die Verbindung zum alten Mysterienspiel fast wiederhergestellt.

In Eupen und in der Westeifel begnügten sich dagegen die Sternsinger früher mit folgendem einfachen Reim, durch den sie an die »gute Frau« im besuchten Haus appellierten:

»Hier wohnt en gute Frau,
Die weiß nicht, was sie geben soll.
Viel soll sie geben,
Lang soll sie leben,
Gen (gegen) das Jahr um diese Zeit
Soll sie reich und selig sein« (Wrede).

So hatte also »eine gute Frau« in der Eifel alljährlich die Chance, schon zu ihren Lebzeiten »seliggesprochen« zu werden. Den Sternsingern, denen das Gabenheischen wichtiger als das Singen war, hatte schon Goethe ins Stammbuch geschrieben: »Die heiligen Drei Könige mit ihrem Stern, sie essen, sie trinken und bezahlen nicht gern« (Lehmann).

... von allem Übel des Halses ... / Blasiussegen

Am 3. Februar – einen Tag nach Mariä Lichtmeß –, an dem die Weihnachtszeit endet und die Kerzen gesegnet werden, ist Blasiustag. Dann wird »der Hals gesegnet«. Das ist auch in der Eifel ein alter Brauch, der noch immer hochgehalten wird. Bereits seit dem 11. Jahrhundert (Melchers) spendet die Kirche den Gläubigen den Blasiussegen. Als dieser Brauch aufkam, war der heilige Blasius, um 300 Bischof von St. Sebaste in Armenien (Türkei), allerdings schon lange tot. Er starb als Märtyrer. Die Bezeichnung des Halssegens nach seinem Namen geht auf die Legende zurück, er habe, selbst eingekerkert, einen Knaben, dem eine Fischgräte im Halse steckengeblieben war, vor dem Erstickungstod bewahrt. Immerhin war er Arzt, bevor er Bischof wurde.

Auch der tote Blasius hat in der abendländischen Heiligengeschichte noch eine beachtliche Karriere gemacht. Er wurde nicht nur Helfer gegen Halsleiden, sondern auch etliche Berufsgruppen erkoren ihn zu ihrem Schutzpatron, wie Ärzte, Bäcker, Bauarbeiter, Maurer, Steinhauer, Gipser und Schneider (Melchers).

Außerdem erlangte er den Ruf eines Wetterheiligen, »was mit dem Termin seines Festtages zur Übergangszeit zwischen Winter und Frühling zusammenhängt« (Henrichs).

In der Eifel hat man ihn auch noch als einen der 14 Nothelfer angerufen. Deren stattliche Schar von 10 Männern, drei Jungfrauen und einem Knaben ist noch in mancher Kapelle anzuschauen, so zum Beispiel in Loogh, Kreis Daun (Wagner).

Am Blasiustag gehen die Meßbesucher, wenn das Schlußlied verklungen ist, nach vorne, wo früher die Kommunionbank stand, um sich den Blasiussegen zu holen, sich also »den Hals segnen zu lassen«. Der Priester hat in der Sakristei sein Meßgewand abgelegt und erscheint wieder in Albe und Stola. In der linken Hand hält er zwei brennende Kerzen, die zu einem Andreaskreuz gegabelt sind, geht von einem zum andern, macht mit der Rechten ein Kreuzzeichen und spricht dazu die Segensworte: »Durch die Anrufung des heiligen Bischofs und Märtyrers Blasius befreie und bewahre dich der Herr von allem Übel des Halses und jedem anderen Übel, im Namen des Vaters, des Sohnes und des Heiligen Geistes. Amen« (Melchers). Auch die Gesegneten machen ein Kreuzzeichen.

In Münstereifel pflegte man früher auf Blasiustag auch noch einen weltlichen Brauch. Die Münstereifeler Wollweber sangen in ihrem Britzenlied:

»Wir schieben das Rad auf Blasiustag – Wir machen den Anfang von Fasenach« (Wrede).

Näheres dazu folgt im Kapitel »Burgbrennen und Radscheiben«.

In Schönecken bei Prüm, das als Burgort besonders durch seine Eierlage am Ostermontag bekannt ist, wird der heilige Blasius von der Junggesellensodalität, deren Schutzpatron er ist, am 3. Februar jeden Jahres mit einer Messe geehrt. Anschließend tafelt man gemeinsam zu Mittag und fühlt sich bei einem gemütlichen Beisammensein wohl (Schreiber).

Fetten Donnerschtisch / Weiberdonnerstag – Weiberfastnacht

Am Aschermittwoch ist auch in der Eifel »alles vorbei«, wie es der Schlager so wehmütig verheißt, obwohl man hier nicht wie beispielsweise im närrischen Köln bereits am »11. im 11.« die Session eröffnet. Doch das scheint sich allmählich zu ändern. Die »Hillesheimer Frauen«, die seit Jahren mit wachsendem Spaß den Sitzungskarneval pflegen, verzeichneten 1980 bereits am 11. im 1. in ihrer ersten Damensitzung der Session ein »brechend volles Haus«. Lag es nur am frühen Karnevalstermin?
In älteren Zeiten machten die Münstereifeler Wollweber »am Blasiustag den Anfang von Fasenacht«, wie sie in ihrem lustigen Britzenlied sangen. Das Wort Karneval war in der Eifel noch völlig ungebräuchlich. An diesem Tag feiert man heute noch in Stroheich (Verbandsgemeinde Hillesheim) die Winterkirmes.
Aber so richtig los geht's mit dem närrischen Treiben in den Eifeldörfern und -städtchen

erst am Weiberdonnerstag, den man auch »Fetten Donnerschtisch« nennt. Die Eifeler »Möhnen« (verkleidete Frauen) haben nach altem Privileg im Karneval den Vortritt, und die »Obermöhn« führt dabei das Kommando. Weiberdonnerstag (Weiberfastnacht) ist, wie die »Kyller Möhnen« in Rockeskyll/Gerolstein sagen, »der Tag der Frau«. In Gerolstein heißt's dann:

»Alaaf! Helau!
Es ist soweit,
Es naht die tolle Narrenzeit.
Die Gerolsteiner Möhnen
Wollen Weiberdonnerstag verschönen.
Drum haltet euch bereit
Zu Frohsinn, Scherz und Heiterkeit.«

Gegen 14 Uhr ziehen sie an Weiberfastnacht samt Prinz und Hofstaat der »Gerolsteiner Burgnarren« ins Rathaus ein. Nachmittags findet der »Möhnenkaffee« statt, und abends

beginnt um 21.11 Uhr der »Möhnenball«; so tun es auch die Möhnen in den umliegenden Orten, etwa in Lissingen, Rockeskyll und Pelm. Die Männer haben dabei in der Regel nichts zu suchen; nur in Pelm machen die Möhnen eine Ausnahme. Hier laden sie ausdrücklich und »recht herzlich« »auch die Herren« zu ihrem Möhnenball ein. Zum Tanz spielen dann »The Voulkans« auf. Man weiß sich eben der Vulkaneifel, in der man lebt und feiert, verpflichtet.

In Niederbettingen (Hillesheim) ziehen die Möhnen nachmittags durch das Dorf und sind erpicht darauf, den Männern »die Schuhe zu putzen«. Letztere werden zwar davon kaum blanker, aber die Männerportemonnaies dafür etwas leichter. Früher sind hier die Möhnen am Weiberdonnerstag den Männern sogar bis auf den Heustall nachgelaufen. Einer der »Verfolgten«, der offenbar in »Geldnot« war, hat einmal den Hund auf sie gehetzt. Dabei fing der Kampf der Frauen um den Weiberdonnerstag im Jahre 1937 ganz harmlos an. Etwa als Bräutigam und Braut verkleidet, zogen die ersten Möhnen mit einer Flasche Himbeersaft (!) in der Tasche und einer Mundharmonika los und sammelten im Dorf Eier, die sie anschließend in einer Küche in die Pfanne schlugen, sich daran gütlich taten und danach Juh-jah feierten. Im Jahr darauf hatte der Spaß bereits Schule gemacht und schwoll zu einem regelrechten »Zug« an. Weil man nun mit einer Küche zum Feiern nicht mehr auskam, zog man in die größte Stube im alten Mühlenhaus. Lag am Weiberdonnerstag Schnee oder Eis, so geriet der Möhnenzug durch das Dorf schon einmal zu einer närrisch-fröhlichen Schlittenfahrt.

In Oberbettingen (Kylltal) feierten 1979 die Möhnen schon zum 30. Male nach dem letzten Kriege ihren »Möhnenball«. Knapp vier Jahre nach dem Ende des sinnlosen Schmachtens und Entbehrens in der Kriegszeit wollten sie endlich wieder etwas Spaß haben, und bis heute sind sie bei diesem Brauch geblieben.

In Hillesheim bringen die Frauen unter der Regie des sehr aktiven Frauenbundes immer größere und lustigere Kappensitzungen als reine Damensitzungen auf die Beine. Im Elferrat schwingt eine resolute Präsidentin die Glocke und läßt nicht nur die Puppen tanzen, sondern manche Büttenrednerin aus dem Städtchen oder aus der Schule plaudern. Ob es dabei um die »enttäuschte Ehefrau« als »Gärtnerin aus Liebe« geht, um den »Bauer, der auch mal eine Kur nötig hat«, oder »Eine Gastarbeiterin aus Sizilien, die die harte DM liebt«: immer sind die Damen-Veranstaltungen sehr rege besucht und inzwischen recht beliebt. Bei diesen Kappensitzungen kommen in der Bütt auch Vertreterinnen der umliegenden Orte zu Wort: Eifeltöchter aus Bolsdorf, Walsdorf, Berndorf, Nohn und Steffeln. Die phantasievollen Hillesheimer Damen wissen sogar mit neuen, selbstgedichteten Karnevalsliedern aufzuwarten, wie »Hi, Hi, Hillesheim, klein aber fein« oder »Beim Frauenkarneval, da ist es doch am schönsten«.

Auch der örtliche Kinderkarneval mit Kinderprinzenpaar, Funkemariechen, zünftigen Büttenreden und sogar einer Kindergarde liegt den Hillesheimer Frauen am Herzen. Mit den so trainierten »närrischen Hillesheimer Kindern« gestalten sie auch noch einen »bunten karnevalistischen Nachmittag« – bei Kaffee und Kuchen – für die älteren Frauen und Männer, die Senioren. »Erscheinen mit Hütchen oder einem anderen närrischen Zeichen« wird dann bei der Einladung empfohlen.

Die benachbarten Leudersdorfer Möhnen treffen sich mit ihren Gesellinnen aus Flesten und Nollenbach am Weiberdonnerstag um 14 Uhr »Am Weiher« zum traditionellen Umzug durchs Dorf. In Zilsdorf hält es der dortige »Möhnenverein« ebenso.

In Mayschoß an der Ahr wird der Möhnenumzug zum eindrucksvollsten Schauspiel der Fastnacht überhaupt. Am »Möhne-Fastelovend« ist dort nach »Meertesdaach« (Martinstag) am meisten los.

»Um 14 Uhr beginnt der Umzug der Möhnen mit ihren Wagen durch das Dorf . . . 5 bis 6 geschmückte Wagen, nach Art der Rosenmontagszüge, machen sich über Probleme des Ortes und der Allgemeinheit lustig. Dieses Jahr (1971) hatte man sich die möglichen Auswirkungen der Antibabypille und die dringend notwendige Einrichtung des Kindergartens aufs Korn genommen. Die Obermöhn hat als eine Art Prinzessin zu fungieren. . . . Nach dem Umzug treffen sich alle Frauen (al ze same) um 16 Uhr in einem bestimmten Lokal, wo sie ihr mitgebrachtes Gebäck, ›Muutze Muutzemändelcher‹ und Berliner, zum Kaffee verzehren. Hier sind sie unter sich, sind ausgelassen, trinken Wein, halten Büttenreden und bleiben oft bis 22–24 Uhr zusammen, auch weiterhin ohne Männer« (Ruland).

Weshalb man in der Eifel den Donnerstag vor Fastnacht (Karnevalssonntag) »Weiberdonnerstag« nennt, wird so erklärt: »An diesem Tage hatten die Weiber nach uraltem Brauche unumschränkte Herrschaft und das Recht, in den Gemeindewald zu gehen, den schönsten Baum zu fällen, denselben zu verkaufen und von dem Erlös desselben ein gemeinschaftliches Gelage zu halten. Dieses Recht übten die Weiber an allen Orten bis in die jüngste Zeit (um 1850), wo die Forstbehörde ihnen die Ausübung derselben untersagte« (Schmitz).

Selbst in der »fastelovend«-begeisterten Gegend von Blankenheim war seit eh und je der »Wiever-Tag« (Weibertag) der eigentliche Beginn des närrischen Sinnens und Treibens. Zu seinem Namen »Fetter Donnerstag« ist er so gekommen: »Das ›Weiberregiment‹ war eine so harte Zäsur im dörflichen Lebenslauf, wie sie bei dem patriarchalischen Vormachtsdenken Eifeler Menschen kaum glaubhaft erschien. Da ordnete sich allerorts sogar die ›Obrigkeit‹ unter. In Lommersdorf und Mülheim bei Blankenheim bekamen die Weiber einen wertvollen Baumstamm aus dem Gemeindewald zugewiesen, der mindestens soviel Kubik-Inhalt haben sollte, als sich das Taillenmaß der breitrandigsten (fettesten) der Weiber aus der Dorffrauenschar abmessen ließ. Der Erlös aus dem Verkauf des Baumes kam in die ›Weiberkasse‹. Der Brauch ist heute noch in Schwung, wenn auch stark verbürokratisiert und vereinfacht auf Normen exakter Forstwirtschaft zurückgeführt. Die Frauen bekommen schon ihre gemeinschaftliche Hilfe für ihren Wievertags-Kaffee-Klatsch, wenn auch nicht mehr auf dem Umweg über Taillenmaß und Eichen-Stamm-Umfang . . . Mülheim und Lommersdorf, aber auch Blankenheim selbst sind am Wievertag mit äußerster Lebhaftigkeit von solch fastnächtlichem Präludium erfüllt« (H. Meyer).

Für eine närrische Möhn gibt es also am Weiberdonnerstag oder auch »Fetten Donnerschtisch« in der Eifel eine eindrucksvolle Karriere. Sie beginnt – historisch – bei der »Baumfällerin«, wobei das harte Zuschlagen eingeübt wurde, steigt dann auf zur feierfreudigen Möhn im männerlosen Möhnenball, erhält hier die Chance, einmal Obermöhn zu werden, oder in puren Kappensitzungen für Damen als schellenbewehrte Präsidentin die verschiedensten Gruppen anderer Schönen programmgemäß hüpfen, tanzen oder sonstwie auftreten zu lassen.

Während andere noch von der Frauenemanzipation reden, begehen alljährlich an Weiberfastnacht die Eifelerinnen ihren »Tag der Frau« mit allem Drum und Dran, nur nicht mehr mit »Himbeersaft und Mundharmonika«.

Wenn der Juh-jah lockt / Blankenheimer Geisterzug

Blankenheim ist im rheinischen Karnevals- und Fastnachtsbrauchtum geradezu eine Insel der Seligen. Uralte Bräuche um die Vertreibung der bösen Winterdämonen werden hier bis heute liebevoll bewahrt und gepflegt, natürlich neben hinzugekommenen Formen des karnevalistischen Frohsinns, wie man sie auch von anderen Orten her kennt. Aus ihnen ragt vor allem der im ganzen Rheinland einmalige und einzigartige Blankenheimer Geisterzug hervor. Für das gesamte deutsche Fastnachtsbrauchtum ist er wegen seiner Seltenheit von hoher Bedeutung. Bis in die urwüchsige Vorstellungswelt heidnischer Vorfahren reicht dieser Brauch zurück.

»Wenn der Juh-jah lockt und das Schellenbäumchen zieht, dann beginnt für Blankenheim die Fasenacht«, sagen die Einheimischen (H. Meyer). Dann erklingt immer wieder der Jecke-Böönchen-Marsch und gibt im Städtchen zugleich Ton und Motto an.

> »Ju-jah Krebbel en dr Botz!
> Dä Karneval es do!
> Ne richtige Fastelovendsjeck,
> Dä freut sich övver jede Dreck!
> Juh-jah Krebbel en dr Botz!
> Wä dat net hätt, dä es nix notz!«
> (H. Meyer)

Am Samstagabend vor Karnevalssonntag ist es soweit. Dann geht in Blankenheim der Geisterzug. Die weiß vermummte Geisterschar singt und springt durch die engen Straßen und Tore des alten Eifelstädtchens. Heute hat nur der berittene Obergeist an der Spitze des Geisterzuges das Kommando. Zum Zeichen seiner besonderen Würde sind ihm schon Flügel »gewachsen«. Die große Schar der Geister folgt ihm zwar bereitwillig, aber auch mit entsprechendem Getöse. Das winklige Städtchen ist völlig abgedunkelt. Nur der flackernde Schein von hin- und hergeschwungenen Pechfackeln erhellt den Zug-

weg und das alte Gemäuer. Ein gespenstisches Bild bietet das Ganze.

»Die Blankenheimer, die kaum etwas so ernst nehmen wie den überlieferten Geisterzug, umhüllen sich am Karnevalssamstag zur Abendstunde mit weißen Laken, flechten oben abstehende Eselsohren hinein, umgürten sich, damit sie nur ja echt geisterhaft erscheinen, mit Schnüren und Bändern, nehmen die lodernde Pechfackel in die Hand und ziehen dann in einem johlenden, heulenden, infernalisch kreischenden Umzug durch den alten Flecken, in dessen Gassen und Straßen alle Lichter gelöscht sind. Nur die Fackeln werfen bizarren Schein an die Wände. Hier und da, von unauffällig arbeitenden Regisseuren sorgfältig geplant, zieht die johlende Menge, deren manche wie an einem Hexensabbat auch auf Besen reiten, durch eine rote Glut bengalischen Lichts. Mag tagsüber das Leben in dem kleinen Städtchen noch so ernst und der Alltag grau gewesen sein; wenn abends der Blankenheimer Marsch, der sogenannte ›Juh-Jah‹, erklingt, dann reißen dessen Melodien alles mit. Bald ist aus der oft vielhundertfachen Schar der auch von weither kommenden Zuschauer noch mancher in die tobende Menge mit hineingesprungen« (H. Meyer).

Den Teilnehmern fordern die geisterhaften Bewegungen und Laute echte körperliche Anstrengungen ab, aber das ist ihnen der alte und einzigartige Brauch auch wert. »Denn in der alten Fastnachtsfeier, die mit ihren Verkleidungen und Vermummungen, ihren buntmaskierten Umzügen, auf ein altes germanisches Frühlingsfest zurückgeht, hat auch von jeher der Geisterzug eine hervorragende Rolle gespielt. Durch die weißen Geister, die mit Bränden und durch Lärm in die finsteren Ecken hineinreichten, sollten die bösen Winterdämonen endgültig vertrieben und es sollte dem erwachenden Frühling zum Siege verholfen werden. Geheimnisvoller

Volksglaube unserer bäuerlichen Vorfahren aus heidnischer Zeit liegt hinter diesem Mummenschanz verborgen. Nixen, Feen, Kobolde hausten überall in der beseelten Natur. Es galt, der bösen Geister Herr zu werden; dazu dienten die Verkleidungen und das mehr oder weniger fürchterliche Aussehen der Masken« (H. Meyer).

Sicher bezeugt ist der Blankenheimer Geisterzug aus dem Jahre 1893 in der »Geschichte des Dekanates Blankenheim« von Pfarrer Johannes Becker. H. Meyer meint aber, »man kann mit Fug und Recht sagen, daß vor 375 Jahren der Fastnachtsbrauch des Geisterzuges gegründet worden ist«. Den Segen des geschichtsschreibenden Pastors hatte er jedenfalls. Wohl war dieser der Ansicht: »Da es im allgemeinen in Ehr und Zucht hergeht, so dürfen die Narren es auch wagen, bis an das Pfarrhaus zu kommen, und sich dem Pastor zu zeigen, der übrigens an dem folgenden Aschermittwoch schon Gelegenheit findet, das in jenen drei Tagen fast bis zum letzten Einwohner toll gewordene Blankenheim wieder zur Räson zu bringen.« Was mag der gute Blankenheimer Pastor Becker nur sagen, wenn er im Himmel folgende Nachricht gewahr wird: »Als gutes Zeichen für eine angebrochene neue Zeit mag gelten, daß im letzten Jahr (1978) am großen Karnevals-Samstag-Abend, ... beim Abendgottesdienst in der Kirche ein paar Meßjungen als Geister verkleidet am Gottesdienst an den Stufen des Altars teilgenommen haben. Das nicht etwa nur, weil ihnen zwischen dem Dienst am Altar und dem von ihnen nicht minder wichtig genommenen Dienst im Geisterzug keine Zeit zum Umkleiden gewesen wäre: Der Pastor hatte sie als Geister eigens in die Kirche eingeladen. Aber immer schon hatte der Blangemer Geisterzug eine Schleife durch den Ort gezogen, um auch vor Pfarrhaus und Rathaus seine Reverenz zu erweisen« (H. Meyer).

Aber die »Blangemer Fasenacht« kennt der alten Bräuche noch mehr. Zu nennen sind das »Schellenbäumchen« und die beiden »Jecken Böönchen« sowie schließlich der »Äerzebär« und der »Rommelspott«. Die beiden letzteren gab es früher in der ganzen Nord- und Voreifel, bis weit ins Niederland hinein. Heute sind sie in der Nordeifel nur noch in Ausnahmen erhalten, wie zum Beispiel in Frohngau.

Schellenbäumchen

Schon in der Woche vor Karneval/Fastnacht zieht allabendlich das »Schellenbäumchen« durch das Burgstädtchen. Der mittlere der verkleideten Dreiergruppe trägt das mit Glöckchen (Schellen) versehene Gabelinstrument, das »früher roh aus Astgabeln gebildet« war (H. Meyer). Die beiden anderen begleiten ihn mit Trommel und Pfeife. So kündigen sie am Ort mit klingendem Spiel die Fastnacht an. Das weckt Karnevalsstimmung, weil die »Blangemer« wissen, bald geht es wieder los. Auch in den folgenden Umzügen geht das Schellenbäumchen vorne mit.

Jecke Böönchen

Die beiden »Jecken Böönchen« spielen heute in der Hauptsache beim Geister- und Rosenmontagszug in Blankenheim als Leitfigur eine Rolle. Als eine Art Mischung aus »Herold, Hofnarr und Spaßmacher« (H. Meyer) ist es ihre Aufgabe, »bei den karnevalistischen Umzügen ... vor dem Zug herzuspringen. Sie tun das in einem kurzen Tanzschritt, streben auseinander, jeder in die entgegengesetzte Richtung, halten, wenden, tanzen aufeinander zu, schlagen beim Begegnen die Säbel aneinander und tanzen wieder voneinander fort« (H. Meyer).

Zu ihrem Verhalten paßt ihr phantastisches Kostüm mit dem helmartigen, oben gekappten Spitzhut mit der links hochgezogenen breiten Krempe, auf deren Mitte ein achtzackiger goldener Stern prangt. Die handbreiten Schleifen über Hemdbluse und Ärmel – wie der Hut in den Grundfarben Rot, Blau,

Blankenheimer Jecke Böönchen   31

Goldgelb und Grün gefaßt – sowie das kniefreie Röckchen verstärken das ungewöhnliche Aussehen dieser »Uniform«, die »im Ursprung auf die Blankenheimer Burgsoldaten zurückgeht« (H. Meyer). Die genau festgelegten Einzelheiten dieser Bekleidung haben eine lange Tradition, die von den Trägern sorgsam gewahrt wird; alles ist in Handarbeit hergestellt.

Äerzebär

Bei dieser Karnevalsfigur ist die Rolle des brummigen und unfreundlichen Winterdämons leicht zu erkennen. So einfach das »Kostüm« aussieht, so schwierig ist es aber heute, an den »Stoff« dafür, das Erbsenstroh, zu kommen.

Von Kopf bis zu den Füßen steckt man einen jungen Burschen des Dorfes in ein solches »Wams« aus Erbsenstroh. Oft verhüllt noch ein Strumpf oder eine Maske sein Gesicht. Meist zieht ihn beim Umzug durch den Ort ein Bärenführer oder -treiber an einem Strick. Lebhaft umspringen ihn andere vermummte Gestalten, die früher mit Erbsen in getrockneten Schweinsblasen rasselten.

In Frohngau (Nordeifel) pflegt man diesen urwüchsigen Brauch heute noch. Er ist dort schon seit 120 Jahren nachgewiesen, und zugleich ist damit eine Art »Frühlingskönigin« verbunden. »Die Schulkinder ziehen unter Führung eines Bärentreibers mit einem möglichst großen Äerzebär durch das Dorf, dargestellt vom größten Jungen, die Mädchen unter Leitung einer Königin, dargestellt von dem kleinsten Schulmädchen. Die Kinder ziehen von Haus zu Haus, lassen den Äezebär tanzen, präsentieren die Königin und singen dabei ein ›Heeschelied‹ (Bettellied):

Lernt die Zufriedenheit von mir,
Ihr Leutchen, schaut auf mich.
Mich nährt ein kleines Murmeltier,
Kein König lebt wie ich.

Es ist Ehrensache jeder Familie, den Kindern etwas zu geben: Nudeln, Milch, Mehl, Zucker, Butter, Eier, Öl, Pudding, Kakao und ... für Äerzebär und Königin Geld« (I. Schröder). So symbolisieren in Frohngau heute noch Äerzebär und Königin den Kampf zwischen Winter und Frühling, bei dem von vornherein der Gewinner feststeht.

Rommelspott

Die Heischelieder hatten früher oft auch die Aufgabe, das Spiel auf dem »Rommelspott« zu begleiten. Rommelspott war der lautmalerische Name für die »Verballhornisierung einer Baßgeige« (H. Meyer). Unter den Karnevalsbräuchen der Eifel ist er heute weitgehend verschwunden. Man kannte ihn, wie schon erwähnt, vor allem in der Nordeifel. Dieses »Musikinstrument« war so gebaut: »Über einen Steintopf, später vielfach auch eine breitbäuchige Konservendose, wurde die Haut einer getrockneten Schweinsblase gespannt. Durch den so entstandenen Resonanzboden wurde durch eine kleine Öffnung hindurch ein Strohhalm oder dünner Zweig geführt, der eine schaurig-schöne Musik verursachte.

Topf und Resonanzboden waren an einen derben Stock befestigt, mit dessen Hilfe man das Instrument wie eine Baßgeige handhaben konnte« (H. Meyer).

So war eines der beliebtesten Heischelieder, die man zur »Musik« des Rommelspotts sang:

»Huve, stuve Fastelovend
    Jett (gebt) mr jet (etwas) en menge Spöß (Spieß),
    Dann läät et Hohn en ühr (euer) Nöß (Nest).
    Setz de Leede (Leiter) aan de Wangk (Wand),
    Holl et Metz en de rächte Hangk.
    Schnek vun dä lange,
    Loß de kuete hange.
    Zank Pitte woar ne hellije Mann,
    Däe si Bruet vedenne (verdienen) kann« (H. Meyer).

Auch mit dem Rommelspott sollten ursprünglich nur die Winterdämonen in die Flucht geschlagen werden. Allmählich entwickelte er sich aber zu einem bei Heischegängen zu Fastnacht recht brauchbaren und darum beliebten »Musikinstrument«. Heute gibt es ihn, ebenso wie den »Äerzebär«, nur noch selten.

Wen der Wandel der Eifeler Fastnachtsbräuche sehr bekümmert, mag vielleicht in dem Gedanken etwas Trost finden, daß auch der Brauch des Sich-Maskierens zeitweilig nicht mehr gepflegt wurde, ja sogar durch obrigkeitliche Anordnung verboten war, wie auch das gesamte lustige Treiben in den Gassen. Dazu ein Erlaß des Grafen Johann Wilhelm Franz von Manderscheid-Blankenheim aus dem Jahre 1754:

»Vermummen bei Leibsstraf verboten
Von unseren gräflichen Vorfahren höchstseeliger Gedächtnuß ist das Vermommen oder Verkleiden in denen Fastnachtstagen, wie auch tagh und nächtliches Schwärmen und Tumultuieren auf denen Gassen und Straßen, Laufen und Rennen von einem Orth zum anderen einmahl vor all und zu jeder Zeit mehrmahls scharfest und unter schwährer Bruchten-, ja Leibsstraf allen und jeden, jung und alt beyderley Geschlechts um so mehr verbotten worden, als dabey ofters vielle ärgerliche und sundthafte Excessen auch große Unglücke begangen worden und sich zugetragen haben.

Der Graf erneuert das Verbot und droht den Übertretern an, daß sie Geldstrafe zahlen oder vielmehr in corporalen Verhaft gezogen werden sollen, sollen in denen Schupkarrigen (Schubkarren) oder sönst ahn Hand und Fues geschlossen zur Gartenarbeit auf zwey, drey, vier und mehrere Wochen mit Wasser und Brod so lang angehalten und gezüchtiget werden, bis die ihnen angewiesene Arbeit verrichtet« (H. Neu).

Trotz gräflichen Verbots hat sich schließlich das lustige Fastnachtsbrauchtum wieder durchgesetzt und steht heute in bemerkenswerter Blüte.

Burgbrennen und Radscheiben / Fastenfeuer

»De Burg brennt, de Burg brennt!« Ein Freudenschrei entfährt den Jungenkehlen. Endlich löst sich die Spannung. Von Minute zu Minute war sie angestiegen. Auf der Höhe des Nachbardorfes züngelten schon wiederholt die Flämmchen der Scheinfeuer. Aber man kennt das ja und läßt sich nicht aus der Ruhe bringen. Doch dann, beim Läuten der Abendglocke, kann der diesjährige Burghüter selbst mit seiner langen Stange seine Abwehraufgabe nicht mehr schaffen. Als zuletzt verheirateter Ehemann am Ort hatte er den »zudringlichen« Dorfburschen zu verwehren, vor der Zeit ihre Fackeln an die Burg zu halten. Nun prasseln die Flammen der Burg oder Hütte, wie man sie andernorts auch nennt. Burg, das ist nicht etwa ein verfallenes altes Gemäuer mit einigen morschen Holzbalken, dem man mit einem schönen Feuerchen den Rest gibt. So viele Burgen wie Burgfeuer gibt es auch in der Eifel nicht. Burg oder Hütte ist zunächst eine lange Fichtenstange, früher vielerorts auch aus Buche. An der Spitze hat sie ein strohumwickeltes Kreuz. Um sie herum stapeln die Dorfburschen das am Burgsonntag, so nennen sie den Tag des Burgbrennens, oder das in der Woche davor gesammelte Stroh und Reisig. Der

Name Hütte erinnert sogar noch an die alten Scheiterhaufen aus der Zeit der Hexenverbrennungen (Zender).

Die Dorfbewohner sind auf den Beinen, um das Feuer ihrer »Hett« und die der »Hetten« (Hütten) der Nachbarorte zu begutachten. Aber von altersher geht's beim Zugucken nicht nur darum, wer das größte Feuer hat und welches am längsten brennt. Aufmerksam beobachten sie auch die Windrichtung. »Wu (wo) den Damp (der Dampf, Rauch) vun der Hett hingäht, su de Wand (Wind) de ganze Virsumer (Vorsommer) bestäht (bestehen bleibt)« (Wrede). Die alte, nahezu heidnisch anmutende Wetterregel verweist auf die lange Tradition gerade dieses Eifeler Brauchs. Der Bonner Volkskundler M. Zender sieht in diesen Jahresfeuern sogar einen ursprünglichen Zusammenhang mit entsprechend frühen Kultformen des Mittelmeerraumes. Mit der jeweiligen Erklärung »Winteraustreibung« oder »Fruchtbarkeitszauber« erschöpft sich also kaum seine volle Bedeutung. Eine andere Meinung ist: »Die Feuerbräuche erklären sich aus dem Glauben an die reinigende und übelabwehrende Kraft des Feuers ... Deshalb nennt man sie auch ›Kornaufwecken‹ und ›Samenlocken‹« (Henrichs). Jedenfalls klingt dieser letzte Gedanke auch in einem beim Strohheischen oft gesungenen Lied an. Wer also als Nicht-Eifeler zum erstenmal am frühen Abend des ersten Fastensonntags auf der B 51 von Trier in Richtung Köln die Eifel durchquert, braucht sich über die vielen Feuer, die recht munter auf den Eifelhöhen lodern, nicht zu wundern. Auch hier haben die Martinsfeuer längst im November gebrannt. Aber diese waren eben nicht die einzigen Feuerbräuche der brauchtumsfreudigen Eifel, eher ihre jüngsten. Die Fastenfeuer des Burgbrennens, auch Hüttenfeuer genannt, findet man heute noch überall entlang der Linie östliches Kyllufer (H. Meyer). Vom Schneifelrand bei den Dörfern Udenbreth und Berk im Norden angefangen, über den ganzen Kreis Bitburg-Prüm bis an die luxemburgisch-belgische Grenze bei Harspelt, Daleiden, Arzfeld im Südwesten der Eifel. Das Burgbrennen ist verständlicherweise gerade für die Dorfjugend eine fröhliche Sache, wenn auch viel Sammelfleiß für das Zusammentragen des Brennmaterials aufgebracht werden muß. Der Brauch wird traditionsgemäß am ersten Fastensonntag durchgeführt, auch wenn noch haufenweise der Schnee liegt und das Winterende keineswegs in Sicht ist. Getanzt wird dann aber höchstens ums Feuer, wegen der »stillen Zeit«. Aber schon das Strohheischen im Dorf von Hof zu Hof macht Spaß. Meist wird dabei ein Heischereim aufgesagt oder sogar ein Heischelied gesungen. Ein besonders umfangreicher Achtzeiler enthält auch das Versprechen der Einsammler, für das alsbaldige Reifwerden von Korn und Hafer zu sorgen:

»Strüh, Strüh zum nöje (neuen) Bau.
Die alt (die alte Burg, das alte Burgfeuer),
die äs (ist) verbrannt,
Die nöj, die könnt (kommt) äent (ins)
Land.
Waen (wer) de meeste Schoof jett (gibt),
Kregt et Korn on den Äwen (Hafer) et
ierscht rip (reif).
Töllerlöllerlöttche, jett os jet (etwas) e
Schöfche (Bund, Stroh),
Dat den (der) Hajel (Hagel) net nedder-
jeht,
Dat den Hajel net nedderschleet« (Wrede).

Im Kreis Daun sang man einen kürzeren Reim:

»Strih, Strih, Schanzen, d'Nowend gi mer
drum danzen.
Strih, Strih, Beischen, d'Nowend gi mer
drum kreischen« (Wrede).

In Harspelt an der luxemburgisch-belgischen Grenze sagen die Dorfburschen heute noch folgendes Sprüchlein auf:

»Steuert zo der neuer Burg!
De al, de as verbrannt,
Et kimmt en neu in't Land:
En Beisch Strih!« (Lemling).

Weil das Burgbrennen auch hungrig macht, sammelt die Dorfjugend auf einem weiteren Heischegang als Lohn für ihre Mühe auch Butter, Eier, Speck, Mehl und Milch, zum Backen der Nautzen (im Kronenburger Land: Mutzen) und Waffeln. Die Mutzen buk man früher aus Buchweizenmehl, und zwar im Hause des Burghüters, also des zuletzt verheirateten Ehemannes. Heutzutage bringt man das Backmaterial vielfach zum Bäcker. Verspeist wird der Kuchenberg entweder in einer Dorfwirtschaft oder, wie vor einiger Zeit noch in Berk, in der Dorfschule. In Arzfeld-Daleiden bewahrt die Jugend in ihrem Heischespruch noch die Erinnerung an den Wolf. Diesen gibt es aber heute in der Eifel nur noch in Wildparks, etwa auf der Kasselburg bei Pelm oder in Hellenthal. Sie singen:

»Jetzt treten wir in diesen Hof, zu sammeln für unsere Burg.
Gebt uns Eier, Butter, Speck, sonst schikken wir euch den Wolf ins Haus!«

Andernorts heißt der Heischespruch der »Höttenbrenner«:

»Stell de Leider an de Wand,
hol dat Messer an de Hand,
schned deck, schned denn!
Göll'ne Foaden om dat Haus,
gef den'n Brenner Aeier raus!« (Freppert).

Die Zeiten, in denen noch Hafergrütze gesammelt wurde, »davon Grimmelbrei gemacht und was davon nicht aufgezehrt, ... in Klöße geformt und zu sich gesteckt (wurde)«, wie Schmitz noch 1856 berichtet, sind jedoch vorbei.
Ein dem Burgbrennen sehr verwandter Feuerbrauch, der sich auch bis heute in der Eifel erhalten hat, ist das Radscheiben. Auch dies geschieht am ersten Fastensonntag; daher auch der Name »Scheiwen-Sonndisch« (Scheiben-Sonntag). Hierzu mußte ehedem der zuletzt verheiratete Ehemann ein hölzernes Karrenrad stellen. Mit Stroh umwickelt, wurde es dann angezündet, und nun ließ man es den Berg hinunterrollen. In Gerolstein geschah das Radscheiben vom »Leutschfelder Berge« (dem heutigen Leutersfeld) aus, der »jenseits der Kyll und dem Orte gegenüber liegt«. Das Rad »wurde auf der mittleren Burgwiese geflochten, und zwar so stark, daß es mit drei Pferden den Berg hinauf geschleppt werden mußte. Bei Einbruch der Nacht zog das männliche Jungvolk unter Begleitung von Musikanten auf den angegebenen Berg und zündete das Rad an. Dann tanzten die Burschen im Kreise um das Rad und ließen es hierauf den Berg hinabrollen. Zwei Burschen folgten demselben mit Hebeln nach, um es, wenn es liegen bleiben wollte, wieder in Bewegung zu setzen. War das Rad in dem Kyllfluß angelangt, so wurde es gelöscht, damit es nicht verbrennen sollte; denn wenn das geschah, mußten die Burschen es bezahlen« (Schmitz).
Der Feuerbrauch des »Radscheiwens« wird heute noch in dem Gerolsteiner Stadtteil Gees besonders gepflegt. Dennoch ist das Radscheiben in der Eifel insgesamt jedoch stark zurückgegangen, anders als das Burg- oder Hüttenbrennen. Hängt dies mit dem aussterbenden Handwerk der Stellmacher (Wagenbauer) zusammen? Schon J. H. Schmitz verweist im Jahre 1856 auf eine früher weitere Verbreitung: »Das Radscheiben fand früher an vielen Orten, wo sich die Gegend dazu eignete (statt), wie z. B. zu Prüm (Calvarienberg), zu Basberg (Katzenkopf), zu Steffeln (Steffelsberg), zu Brück, bei Dockweiler (Radersberg), zu Niedersgen, Kr. Bitburg, (Rommersberg), zu Speicher (Müllenberg), zu Walsdorf (Goßberg), zu Waldkönigen (Ohrenbüsch) ..., und ist jetzt noch hin und wieder, wie z. B. in Brück, bei Dockweiler, im Brauche. Zu Brück hat selbst

der hohe Kegelberg, von welchem das Rad gerollt wird, daher den Namen: ›Radersberg‹ erhalten« (Schmitz).

Eine Ausnahme hinsichtlich des Termins im Radscheiben machte früher die Wollweberzunft von Münstereifel. Am Blasiustag, dem 3. Februar, zog sie aus Anlaß ihres »Erneuerungsfestes« (Lehrlinge wurden zu Gesellen, Gesellen zu Meistern »geschlagen«) auf den Münstereifeler Radberg und ließ »von dessen Gipfel« (Wrede) ein Rad, »ihr Wahrzeichen« (H. Meyer), in die Erft rollen. Hier im Tal schlug man um diese Zeit die Britz (Pritsche) und sang dazu das elfstrophige Britzenlied, in dem es u. a. hieß:

> »Wir schieben das Rad auf Blasiustag,
> Wir machen den Anfang von Fasenach«
> (Wrede).

Was also üblicherweise Eifeler Feuerbrauch zu Beginn der Fastenzeit war und immer noch ist, benutzten die Münstereifeler Wollweber einst als Startzeichen für die Fastnachts-, sprich Karnevalssession. Aus dem Fastenfeuer wurde also ein Fastnachtsfeuer. Ihre Symbolgehalte sind sogar nach einer fundierten Meinung dieselben. »Die angezündeten Räder und Scheiben sind ein Abbild der Sonne, die als Urbild gezwungen werden soll, zu tun, was die Abbilder machen: die Fluren mit ihren lebenerweckenden Strahlen beleuchten. Dem einfachen Denken war es nämlich keineswegs selbstverständlich, daß die Sonne im bevorstehenden Jahr dieselbe Segenswirkung ausstrahle wie früher. Sonne und Feuer galten als Symbole der Liebe. So weckte man nicht nur die Natur zu neuem Leben auf, auch die Liebe zwischen den Menschen sollte erneuert und bestärkt werden« (Henrichs).

Was machte es da aus, ob die Münstereifeler bereits am 3. Februar des Winters überdrüssig waren, während die übrigen Feuerradschieber der Eifel etwas länger Geduld hatten?

Hosanna dem Sohne Davids! / Palmsonntag

Die Woche vor Ostern heißt nach alter christlicher Überlieferung Karwoche. Das bedeutet übersetzt so viel wie Kummerwoche (Henrichs). Die Kirche erinnert in ihrer Liturgie feierlich an das Leiden und Sterben Jesu Christi vor zweitausend Jahren. Als Sterbetag, an dem früher in der Eifel in Feld und Wald absolute Ruhe herrschte, wird nach wie vor der Karfreitag besonders hochgehalten.

Im Prümer Land heißt es: »De Karwoch os (ist) mihst (meist) en kod (böse) Woch« (Wrede). Gemeint ist damit zunächst das meist um diese Jahreszeit, zumal in der Schneifel, noch schlechte, naßkalte Wetter. Der bei seiner Feld- und Waldarbeit von der Witterung abhängige und sie darum besonders aufmerksam beobachtende Eifelbauer glaubte aber auch, die Natur mache die Trauer der Kartage mit.

Ein alter Eifeler Ausdruck für Karwoche ist »Pälmwoch«. Er kommt noch in dem schon lustiger klingenden Sprüchlein der Alten vor: »Pälmwoch, Schelmwoch«. Die Bezeichnung Pälmwoch deutet auf den seit Jahrhunderten so genannten Palmsonntag hin. Er geht nach dem Rhythmus des Kirchenjahres der Karwoche voraus, steht gleichsam an ihrer Schwelle. Die Eifeler nennen den Palmsonntag in Kurzfassung auch einfach »Palmtag«. Für diesen Tag stehen also im Vordergrund ihres Denkens die Dinge, die dann eigens getan werden müssen bzw. geschehen: Frischen Palm besorgen, mit zur Kirche nehmen, teilnehmen an der Palmweihe und Palmprozession und schließlich den gesegneten Palm mit heimnehmen und dort in Haus und Hof, ja sogar auf dem Feld und ehedem im Wingert »verwenden«.

Der Palm oder die Palmen des Eifelers sind andere als die im vorderen Orient oder auf Hawai. Von altersher hilft man sich wie im ganzen Rheinland, ja darüber hinaus, mit Zweigen des immergrünen Buchsbaums. Dieser wird aber meistens als kleinblättriger Strauch im eigenen Garten gezogen, sozusagen auf Vorrat. Vielfach dient er auch noch – früher mehr als heute – als »lebendige« Grabeinfassung auf den Friedhöfen. Als derartige »rheinische Palmen« werden kirchlich, auch in der Eifel, gelegentlich Zweige der Salweide verwandt, dann aber nach Möglichkeit solche, die schon Kätzchen tragen (Adam).

Der Palmsonntag hatte ehedem für den Eifeler Landmann – bevor es den täglichen Wetterbericht im Fernsehen gab – auch eine besondere Bedeutung als »Barometer«. So galt es unter den Alten als ausgemacht: »Gen (geben, werden) de Kearze gesent (Kerzen gesegnet) am Schni (am Lichtmeßtage, 2. Februar, im Schnee), dann de Pälm om Kli (Klee)« (Wrede). Der Eifeler war wegen des in seiner Gegend späteren Frühjahrs und kürzeren Sommers auf engere Zeiträume für seine Arbeit draußen angewiesen als etwa der Landmann im milderen Flachland der Zülpich-Jülicher Börde oder der Kölner Bucht. Die dort geltende Wetterregel »Weihnachten im Schnee, Ostern im Klee« war für ihn offensichtlich zu weit gefaßt.

Ausgangspunkt für alles Geschehen am Palmsonntag oder Palmtag war und ist heute noch die liturgische Feier der Palmweihe außerhalb und die anschließende Palmprozession zur Kirche. Alles kultische Geschehen hat einen historischen Kern. Seit dem Altertum sind »Palmzweige . . . ein weitverbreitetes Symbol für Sieg, Freude und Frieden«. Mit dem Ritus von Palmweihe und Palmprozession feiert die Kirche das segen-

spendende Gedenken an das große geschichtliche Ereignis des triumphalen Einzugs Jesu in Jerusalem. Die Evangelien berichten uns darüber: »Am Tag darauf hörte die Volksmenge . . ., Jesus komme nach Jerusalem. Da nahmen sie Palmzweige, zogen hinaus, um ihn zu empfangen . . .« (Joh. 12,12–13). »Die Leute aber . . . riefen: Hosanna dem Sohn Davids!« (Mt 21,9).

Aber nicht nur dieses Ereignis selbst, sondern die Gedächtnisfeier, die Palmprozession, stammt aus demselben Jerusalem. »Das Abendland übernahm . . . diesen Brauch . . . erst im 11./12. Jahrhundert« (Henrichs), dann vielfach bis an die Grenze zum historisierenden Mysterienspiel (Adam). So wurde in der Palmprozession vor allem in Süddeutschland, aber auch im Rheinland, noch bis zum Ende des 18. Jahrhunderts eine Holzfigur auf Rädern mitgezogen, die Christus auf dem Esel darstellte.

In Köln ist ein solcher Palmesel für das Jahr 1732 mit dem heute sicher etwas komisch anmutenden Hinweis auf einer alten Rechnung erwähnt: »item Christus auf dem essel zu reparieren 1 gulden 12 albus.« In Trier wurde der Palmesel 1783 abgeschafft (Wrede). Die Eifeler Heimatliteratur verweist zwar auch auf ein solches Brauchtum in der Eifel, jedoch ohne genaue Angaben über Belege (Haller). Das Vorantragen eines Kruzifixes in der Palmprozession, vornehmlich Aufgabe des Priesters, ist noch heute üblich.

Eine unter praktischen Gesichtspunkten gesehen besondere Bedeutung hatten für die Eifelbewohner immer die geweihten Palmzweige. An dem Brauch wird auch heute noch eifrig festgehalten, wenn sich auch der Glaube an die ihnen innewohnenden Heils- und Abwehrkräfte verfeinert haben mag. »Nach dem Gottesdienst nimmt jeder einen Strauß geweihter Palmen mit nach Hause. Dort werden die alten, vergilbten Zweige des Vorjahres durch neue, frisch geweihte ersetzt. Kein Kruzifix, kein Raum des Hauses, auch nicht Scheune und Stall, dürfen ohne gesegnete Palmen bleiben. In manchen Fami-

lien wurden und werden noch Palmsträuße aufbewahrt, um sie zum Schutz gegen Gewitternot im Küchenherd zu verbrennen oder in Hungerjahren dem Vieh unter das Futter zu geben. Kleine Palmästchen gab man vielerorts dem Neugeborenen in die Wiege, der Braut ins Haar und dem Toten in den Sarg. Für den Nachmittag des Palmsonntags war es ungeschriebenes Gesetz, daß Bauern und Winzer mitsamt ihren Familien hinauszogen in Feld und Wingert; dort wurden geweihte Palmen in die Erde gesteckt, uraltes Symbol der vor dem bösen Feind schützenden Segenshand Gottes« (Haller).

Im mittleren Kylltal legt man auch heute noch einen frischgeweihten Pälm am Grab der verstorbenen Angehörigen neben einem Weihwasserbehälter nieder. Jeder Besucher besprengt damit die letzte Ruhestätte, indem er über das Grab das Segenszeichen macht.

In Reifferscheid (Schleidener Land) stecken die Kinder jeweils einen auf einem Stöckchen aufgespießten Apfel mit in den Palmstrauß, um ihn mitsegnen zu lassen (U. Meyer).

In Kesternich (Kreis Monschau) zieht am Palmsonntag die sogenannte »Römerfahrt«

durch das Dorf. Diese Bußprozession führt an 14 Altären im Ort vorbei, die Christi Kreuz- und Leidensweg darstellen (U. Meyer).

In Mayen geht nach alter Überlieferung in der Karwoche eine Bußprozession nach Fraukirch. Hierbei tragen die Teilnehmer Büßer-Kreuze auf ihren Schultern (U. Meyer).

Gerade im Brauchtum des Palmsonntags vermischen sich vorchristliche Zweigbräuche der Frühlingszeit, denen der Volksglaube ehemals zum Teil magische Wirkungen zuschrieb, mit – nach erfolgter Weihe – kirchlichem Heilsdenken. Geweihte Palmsträußchen haben wie andere geweihte bzw. gesegnete Gegenstände nach heutiger liturgischer Auffassung »Zeichencharakter und sind Ausdruck und Hinführung zu Glaube, Hoffnung und Liebe, nicht aber Träger magischer Kräfte« (Adam). In diesem Sinne haben sie dann sicher keinen unmittelbaren Wert als »Allheilmittel« gegen die vielfältigsten Übel, von Krankheiten bis zum Blitzschlag. Aber ihren hohen symbolischen Sinn wird ihnen niemand absprechen können.

Et lögt Betglock / Kläpperjungen

Der Eifelgast oder Neuling auf dem Eifeldorf erschrecke nicht oder fürchte gar Schlimmes, wenn ihn erstmals am Karfreitagmorgen Punkt 6 Uhr in der Früh' ein ungewohntes Geknarre und Gerassel im systematischen Wechsel mit jungenhaftem Gebrüll unsanft aus dem Schlaf aufweckt. Das Eifeler Osterbrauchtum kommt dann so richtig in Schwung. Für ein paar Tage beherrschen die Kläpperjungen das Eifeldorf. Dann ziehen sie los zu ihren Runden. Ihr hohes und heiliges Vorrecht: die Glocken, die bis Ostern »nach · Rom geflogen sind«, zu vertreten.

Wer aufmerksam hinhorcht und sich Mühe

gibt, ihre regelmäßigen und mancherorts abgewandelten Dialektrufe zu verstehen, hat schnell heraus, worum es ihnen morgens, mittags und abends und zwischendurch vor Beginn von Messe und Andacht (Rosenkranz- oder Kreuzwegandacht) geht.

»Höt, et lögt Betglock'« (». . . es läutet Betglocke«) heißt ihr Spruch beispielsweise in Niederbettingen an der Kyll morgens um 6 Uhr. Gegen 12 Uhr mittags lautet er dann – entsprechend der vorgerückten Tageszeit – »et lögt Mettisch« (»es läutet Mittag«). Abends gegen 6 Uhr – zum Angelus – klingt's dann wieder »et lögt Betglock«

durch's Dorf. Zwischendurch wird zweimal zur Messe »geläutet«. Auf der Hinrunde erschallt es folgerichtig »et lögt zum ierschte mol« und auf der Rückrunde »et lögt zum zweite mol«. So ergibt sich – soweit noch wochentags Messen stattfinden – eine dichte Folge von Tageszeiten- und Gottesdienstgekläpper mit den entsprechend radauvoll unterbrechenden Rufen, die schon mancher Jungenkehle nach dem ersten Kläppertag Heiserkeit verursacht haben.

Von Ort zu Ort bzw. je nach Eifelgegend sind die Rufe häufig verschieden. Manchmal waren sie sogar so urwüchsig und phantasievoll, daß der Ortspfarrer sie von Zeit zu Zeit einmal kritisch unter die Lupe nehmen mußte. So klingt's um die Mittagszeit in Blankenheim: »Meddaach, Meddaach, dr Köster hät de Sou (Sau) geschlach« (H. Meyer). Oder in Kronenburg vor der Messe: »Zu Hoof, zu Hoof, wä Been hät, dä loof, wä keen hät, dä kroch ob Hän un ob Boch.« Um die Mittagszeit rufen hier die Kläpperjungen: »Mettag, Mettag, de Kronenburger han d'r Schömmel em Schaaf!«; in Kronenburger Hütte (dem Taldorf) heißt's abgewandelt: »De Höttener han d'r Schömmel em Schaaf«.

In Lüftelberg (bei Rheinbach) lautet der Morgenruf: »Morjensklock, Morjensklock – Wer net opsteht, es ene Schlofskopp.« Mittags heißt es kurz und bündig: »Meddaach, Meddaach – Wer net jeiße (gegessen) hät, dä maach.« Abends wird sogar die »Brotzeit« mitverkündet: »Ovendsklock, Ovendsklock, – Eiße mer Weck on Melechzop« (Wrede).

Das alles geschieht nicht ohne gehörige Vorbereitung, längst bevor die Karwoche begonnen hat. Durchweg hat dabei ein älterer, gleichsam gestandener Meßdiener das Regiment. Auch wird das Ritual dieses recht geräuschvollen Brauchtums nicht ohne bestimmte Instrumente vollzogen, eben mit den größeren Klappern für die stärkeren Jungen und den kleineren Flipp-Flapp (Holzbretter mit Stil und beweglichem Hämmerchen) für die Anfänger. Bei den Klappern handelt es sich in der Regel um kastenartige Holzbehäl-

ter aus dünnen Brettern von etwa ½ Meter Länge und 15 cm Breite. An einem Ende ist der Kasten offen. An der rechten Schmalseite dreht man an einem Schwengel. Dabei greifen Zähne einer Walze im Kasteninnern unter vier bis fünf Holzhämmerchen, die dadurch hochgehoben werden und beim Niederfallen, insbesondere bei schnellem Drehen ein ohrenbetäubendes Geklapper erzeugen.

Daß die Kläpperjungentätigkeit anstrengende Arbeit sein kann, zeigt uns der Bericht eines 14jährigen aus dem Kylldorf Niederbettingen, der beim Kläppern 1976 folgendes erlebte: »Punkt 6 Uhr gingen wir los. Wir brüllten dreimal ›et lögt Betglock‹, und dann wurde geraspelt (gekläppert), je nach Gehör . . . Am ersten Morgen tat wohl jedem der Hals weh. Und doch beschwerten sich einige Leute, man hätte ja nichts gehört . . . Um ½ 12 Uhr gingen wir dann wieder mit kräftigem Gebrüll los und sangen ›et lögt Mettisch‹. Mittags standen dann auch einige Leute an der Straße, um uns zu ›bewundern‹. Nachmittags vor der Messe mußten wir uns beeilen, weil einige von uns noch die Messe dienen mußten. Deshalb nahmen wir uns nur die Hauptteile des Dorfes vor. Dafür bekamen wir auch sofort die Quittung. Einige Leute beschwerten sich, daß wir bei ihnen am Haus nicht vorbeigekommen waren. Vor dem Kreuzweg mußten wir dann wieder gehen. Und weil es normalerweise zum Kreuzweg nur einmal läutet, konnten wir ja nicht singen ›et lögt zum ierschte mol‹ und ›et lögt zum zweite mol‹ und sangen deshalb ›et lögt Betglock‹. So konnten wir durch das ganze Dorf gehen. Nachher beschwerte sich eine Frau, sie hätte in den Kreuzweg gehen wollen, weil wir aber gesungen hätten ›et lögt Betglock‹, wäre sie zu Hause geblieben« (Linden).

Das Gekläpper endet in der Regel vor Anbruch der Auferstehungsfeier in der Osternacht mit dem »Jautes-Jagen« (»Judas jagen«). In Niederbettingen rufen die Kläpperjungen dazu: »Löck stoht op, söss ös de Herrjott für ösch op!« Vielerorts bestand der Brauch auch in einem Gepolter an geeigneter

Stelle in der Kirche. »Dieses Gepolter sollte wahrscheinlich das Erdbeben sinnbilden, welches bei der Auferstehung des Herrn stattfand« (J. H. Schmitz).

Am Mittag des Ostersonntags heischen die Kläpperjungen bei den Dorfbewohnern den Lohn für ihre Arbeit an den letzten Kartagen. Nun ziehen sie aus mit einem Korb voll Heu für die Eier, die man ihnen schenkt, sowie seit einiger Zeit auch mit einem größeren Geldbeutel für die klingenden Münzen, die ihnen ebenso lieb sind. Im Kreis Bitburg treten die Kläpperjungen sogar mit einem recht gebieterisch klingenden Heischeruf vor jedes Haus: »Aier erous ueder de Wisen ant Hous« (»Eier heraus oder das Wiesel ans Haus«) (Wrede). In Kronenburg findet der Heischegang erst um die Jahresmitte statt, nämlich am Vorabend des Kronenburger Patronatsfestes St. Johannes (24. Juni). Die Kläpperjungen singen dann das altüberlieferte Lied:

> »Hie komm’ mer jejange, de Jannseier zo empfange,
> ist jo hoch, grün is der Wald.
> Kommen unser zweie, wir woll’n das Mädchen freien,

ist jo hoch, grün is der Wald.
> Kommen unser viere, bis johr komm’ mehr wiere,
> ist jo hoch, grün ist der Wald.
> Kommen unser sechse, wir woll’n euch nicht verhexe,
> ist jo hoch, grün is der Wald.
> Kommen unser achte, wir woll’n euch nicht verachten,
> ist jo hoch, grün is der Wald.
> Kommen unser zwölfe, bes johr kommen die Wölfe,
> ist jo hoch, grün is der Wald.
> Kommen unser dreißig, das Mädchen ist ja fleißig,
> ist jo hoch, grün is der Wald.«

Hat ein Mädchen aus dem betreffenden Hause, vor dem das Sprüchlein gesungen wurde, den Sängern einige Eier gegeben, liefern diese zum Dank noch eine Zugabe mit folgendem Vers:

> »Dank auch, Dank auch, besten Dank.
> Dat Mädche hätt uns Eier gebracht,
> dat Mädche hätt e Paar Been,
> die funkele wie Edelsteen« (U. Meyer nach R. Dettmann).

Lumen Christi / Osterfeuer

Es ist zwischen 20 und 21 Uhr. Eine Erwartung liegt über dem Eifeldorf wie zu Weihnachten. Sie verdrängt das Interesse an allem, was das Fernsehen heute abend bietet. Steht auch tagsüber die Sonne schon höher am Himmel, zeigt auch der Frühling in Garten, Wald und Flur bereits seine ersten Boten, dieser Karsamstagabend gleicht dem Heiligabend im Dezember, in seinem äußeren wie im inneren Stimmungsbild der Menschen, in der Vorbereitung wie in der Spannung auf das Hochfest des Kirchenjahres: »Ustere«.

Im Bitburger Land singt man an diesem Frühlingsfest aus Freude über das neue Leben des Herrn und das neue Leben in der Natur.
> »Usterdag,
> do rouscht de Bach,
> do söngt den Her (Pfarrer),
> dat dät hen ger (gern);
> dan danzt de Wos (alte Frau),
> dan heppelt (hüpft) den Hos (Hase);
> da sprangen de Ranner (Rinder),
> da sangen de Kanner (Kinder)« (Wrede).

Im kleinen Dorf an der Kyll haben fleißige Mädchen den österlichen Pfarrbrief rundgetragen. Die darauf schlicht gezeichnete Osterkerze zeigt schon ein entflammtes Licht. Auf dem Titelblatt steht zu lesen: »Ostern – Fest der Auferstehung unseres Herrn Jesus Christus – Fest der Feste des Kirchenjahres«. Um 21 Uhr ist die Osternachtfeier mit Erneuerung des Taufversprechens.

Die Glocken sind noch stumm. Die Kläpperjungen haben ihre letzte Runde gedreht. Viele Menschen sind auf den Beinen. Zwischendurch erscheinen die Pfarrkinder aus den Filialdörfern in ihren Autos. Vereinzelt sieht man sogar noch ein älteres Ehepaar mit einem Traktor. Die Dorfstraße, sonst so still und am Tage blitzblank gekehrt, ist von pulsendem Leben erfüllt. An ihrem Ende, auf dem Platz vor der Kirche, flackert schon rechts neben dem Portal das Osterfeuer. Der Priester wird bald die Osterkerze daran entzünden und sie mit ihrem neuen Licht in die Kirche tragen. Einige junge Burschen, Meßdiener, legen neue Holzscheite auf, damit das Feuer in Gang bleibt. Heutzutage schlägt man es zwar nicht mehr wie früher am Samstagmorgen mit Stahl und Kieselstein, spätestens nicht seit der Reform der Osterliturgie durch Papst Pius XII. zu Anfang der 50er Jahre. Aber die Dunkelheit der Osternacht bringt die praktische und symbolische Bedeutung des Osterfeuers anschaulicher zum Ausdruck als der taghelle Karsamstagmorgen. Jetzt leuchtet sein neues Licht buchstäblich in die Finsternis hinein und besiegt so ihre düsteren Mächte. Den Menschen mag so bewußter werden als früher, warum die entzündete Osterkerze, entflammt am Osterfeuer, den auferstandenen Jesus Christus versinnbildlicht. Dies kann leichter an sein Wort erinnern: »Ich bin das Licht der Welt« (Jo 8,12).

Der Osterjubel wirkt nach, erst recht, wenn am Ostersonntagmorgen auch noch die Frühlingssonne durchbricht, als feiere die ganze Natur Auferstehung. In Gärten und Wiesen suchen alt und jung nach den bunten Ostereiern, die »der Osterhase« dort versteckt hat. Die Kläpperjungen machen sich auf den Weg, ihren verdienten Lohn für Frühaufstehen, Heiserrufen, Aufwand an Ärmelschmalz und Pünktlichkeit einzusammeln, zu heischen. Von fern klingt zartes Glockengeläute ins Kylltal herüber. Die frühlinghafte Natur lockt heraus zum Osterspaziergang, natürlich im neuen Kleid oder Anzug vom »Osterhas«.

Vor den 50er Jahren war manches anders, auch in der Osterliturgie. Da fanden die Feiern um Osterkerze und Taufwasser ja schon am Karsamstagmorgen statt, etwa seit dem 14. Jahrhundert. Insofern bestand am Ostermorgen kirchlich sozusagen eine Feierlücke, die man »durch eine Auferstehungsfeier zu schließen« suchte (Henrichs). In dieser wurde dann der »Herrjott opjehowe«, wie man in der Nordeifel sagte (Wrede). Im Mittelpunkt des Geschehens stand die Öffnung des »Grabes«, aus dem man das am Gründonnerstag dort hineingelegte Allerheiligste und das ihm am Karfreitag beigefügte (»beigesetzte«) Kruzifix entnahm, um beide wieder an ihren Ort am Hauptaltar zurückzubringen. Vielerorts ging auch vorher eine Prozession dreimal um die Kirche, mit dem Priester, der das Kruzifix trug, an der Spitze. Sie stellte »Christi Zug in die Unterwelt« (Henrichs) dar. Jedesmal, wenn die Prozession am Kirchenportal ankam, hielt sie hier inne und der Priester schlug mit dem Kruzifix an die Kirchtür. Dabei sang er – jeweils in höherer Tonlage – aus Psalm 23 den Vers: »Erhebet ihr Tore eure Häupter, daß eintrete der König der Herrlichkeit«. Von innen fragte dann ein Sänger, der die Rolle des „Höllenfürsten" zu spielen hatte, hämisch: »Wer ist denn dieser König der Ehren?« Auf die Antwort »Der Herr stark und mächtig« öffnete sich schließlich beim dritten Male die Kirchtür. So wurde den Gläubigen sinnfällig ins Bewußtsein gebracht, daß Christus den Tod besiegt und die Pforten der Hölle überwunden hat.

Osterbräuche

Osterwasser

Die Elemente Feuer als Lichtspender und Wasser als reinigende und heilende Kraft sind in der Osterliturgie der Kirche tief verwurzelt. Das Wasser war es ehedem auch im weltlichen Osterbrauchtum der Eifel. Wird nach kirchlicher Symbolik der Getaufte durch das Taufwasser von dem Makel der Erbsünde »gereinigt«, so wohnten nach alter Vorstellung auch dem Osterwasser besondere zauberhafte Kräfte inne.

Diesem Wasserbrauch huldigten am frühen Ostermorgen vor allem die jungen Mädchen. Es war noch die Zeit, in der es keine Wasserleitung gab. Die Mädchen und Hausfrauen mußten alles Wasser zum Kochen, Tränken und Waschen aus dem Dorfbrunnen schöpfen oder von den nächstgelegenen Berg-, Wiesen- oder Waldquellen herbeitragen. Ein Vorteil der Eifel war sicherlich, daß sie viele solcher Quellen hat. Nicht alle sind sie so mineralienhaltig wie in der Vulkaneifel, etwa in Daun, Dreis, Gerolstein oder Birresborn. Kaum war der Ostermorgen angebrochen, versuchten die jungen, noch unverheirateten Mädchen möglichst früh an einer nahen Quelle zu sein, weil – so der alte Glaube – »nur zu bestimmter Zeit, etwa in der Stille der mitternächtlichen Stunde oder vor Sonnenaufgang geschöpftes Wasser, im Mittelalter Heilwag genannt« (Henrichs), die begehrten Eigenschaften besaß. Sie tranken und labten sich von dem neuen Wasser, weil es als heilkräftig galt. Sie wuschen sich darin, weil sie glaubten, daß es besonders schön mache. Sie nahmen es in Krügen mit heim wie das Weihwasser aus der Kirche, um seine zauberhafte Wirkung immer wieder aufs neue zu erleben. Osterwasser war für sie ein wohltuendes und fast wundertätiges Wasser, dem ein besonderer Frühlingszauber innewohnte. Es war ein Heil- und Schönheitsmittel zugleich.

Man kann sich das Gedränge bei solch naivem Tun lebhaft vorstellen. Welch ein Geschubse, Geplansche und Bespritzen mag damit verbunden gewesen sein? Wie mögen sich die jungen Burschen als kritische Zuschauer, Bewunderer oder gar Spötter in die Büsche geschlagen haben?

Von Quellen, aus denen solches Osterwasser geschöpft worden ist, wird uns aus der Nähe von Mayen (Leierborn) und aus Rommersheim sowie Seiwerath (Kreis Prüm) berichtet (Wrede).

Eierkippen

Wäre ein Osterfest in der Eifel ohne Ostereier denkbar? Wohl kaum. Das Eierkippen am Ostermorgen am Familienfrühstückstisch oder mit dem Osterbesuch ist bei jung und alt auch heute noch beliebt. Spannend sind das Aussuchen der geeigneten Eier (hartgekocht, harte Schale) und die Wahl des Partners. Wer kippt gegen wen? Jeder nimmt ein Ei in die Hand, und dann wird gekippt (gestoßen), Spitze gegen Spitze oder Kuppe gegen Kuppe (Kitt gegen Kitt), oder auch Spitze gegen Kuppe – je nach Abmachung. Sieger ist der, dessen Ei ganz bleibt. Manch versierter Eierkipper, der seinem Ei guten Halt in seiner Hand verschafft, bringt es fertig, bei einer ganzen Tischrunde Sieger zu bleiben.

Die Zeit der nahezu strategisch erwarteten und vorgeplanten Kippschlachten der Dorfjugend an den Osternachmittagen im Hof oder auf der Straße, mit dem Ziel, möglichst viele Eier hinzuzugewinnen, scheint vorbei. Zum einen kommen auch die Eifelkinder heute leichter an die Eier als früher, und dann gibt's an den Osternachmittagen noch andere Unterhaltungsspiele als Eierkippen, Eierrollen, Eierschippeln und Eierwerfen. Die Zeit ist zwar nicht mehr zurückzuschrauben, aber die Erinnerung lohnt.

Seit jeher wurde von den Kulturvölkern das

Ei als Sinnbild neuen Lebens geschätzt, verbarg sich doch unter seiner Schale ein natürlicher Lebenskeim. Im Osterei vermochte man sogar einen sinnbildhaften Bezug zur Auferstehung Christi zu sehen. So berichtet der ehemalige Gillenfelder Pastor J. H. Schmitz in seinem Buch über »Sitten und Bräuche des Eifler Volkes« im Jahre 1856: » . . . wie aus dem Ei, wenn es bedeckt und erwärmt wird, ein lebendes Geschöpf hervorgeht, so ist auch der Erlöser aus dem Grabe zum Leben erstanden . . . «. Ein schöner Vergleich zwischen natürlichem und übernatürlichem Leben.

Eine mehr praktische Bedeutung hatten die Ostereier indessen als sogenannte »Beichteier« für den Pastor. Jedes Beichtkind hatte einem Meßdiener, der sie einsammelte, zu diesem Zweck zwei abzugeben. Es handelte sich dabei gleichsam um einen Rest von Naturallohn, über den genau Buch geführt wurde. Arme Zeiten! In ähnlicher Weise erhielt der Küster Eier, wenn er am Karsamstag das Weihwasser in die Häuser trug. Unsere heutigen Eiergaben an die Kläpperjungen dienen im Grunde dem gleichen Zweck, nämlich als Lohn. Ebenso verweist der alte Begriff Zinseier noch auf die Bedeutung. In Schwarzmarktzeiten sind ohnehin auch noch in unserem Jahrhundert Butter, Eier und Speck die gängigsten Nebenwährungen gewesen.

In der Eifel beschenken noch heute Nachbarn und Freunde einander mit einem Osterei als Liebesgabe, ohne daß dabei viele Worte gemacht werden.

Es gab allerdings Zeiten, da spielte die Zahl der geschenkten Ostereier geradezu die Rolle eines Gradmessers für die Intensität der Beziehung zwischen dem Schenkenden und Beschenkten. Daß Patenonkel und Patentante (Gote) ihren Patenkindern zu Ostern Eier schenkten, war nahezu selbstverständlich. Allerdings war ab dem Erstkommuniontag diese Herrlichkeit zu Ende. »Je nach Alter waren es mehr oder weniger, aber die Zahl 12 (Erinnerung an die 12 Apostel) sollte nicht überschritten werden« (H. Meyer). Daß auch die Dorfburschen von ihren Mädchen mit Ostereiern bedacht wurden, sprengt schon den Rahmen des Gewöhnlichen. So berichtet Wrede unter Bezugnahme auf Schmitz noch 1960: »Die heranwachsenden Mädchen bringen den Burschen, von denen sie als Lehen gesteigert wurden und zum Tanz geführt werden, am Ostersonntag nachmittags auf einem gemeinsamen Rundgang eine bestimmte Anzahl Eier je nach dem Grad der Zuneigung; in Kirchweiler bei Daun waren 2 Eier keine Ehrung« (bei Schmitz heißt es: »eine Schand«), »3 Eier eine Anerkennung, 4 Eier ein Staat (Pracht, Ehre), 5 Eier brachten eine Freiat (Liebschaft) und 6 Eier die Heirat. Die Zahl der Eier und die Auslegung waren strichweise verschieden.«

Ostereier waren auch bei den Eierspielen der Kinder mehr als ein Spielzeug zum Zeitvertreib an den Festnachmittagen. Im Grunde ging es immer auch darum, den eigenen Eierbestand durch Einsatz von viel Geschick und Überlegung zu mehren. So war besonders beim Eierrollen (Eierscheiwelen) eine gute Beute zwar nicht immer sicher berechenbar, aber auch nicht völlig vom Zufall abhängig. »Wer ein möglichst starkes, rundes Ei besaß und es geschickt schob oder drehte, konnte abends mit 20–30 gewonnenen Eiern heimkehren. Das Spiel erforderte also auch ein gewisses Überlegen und Berechnen, wenn es gewinnreich sein sollte!« (Wrede).

Noch nach dem letzten Kriege amüsierte sich zu Ostern die Jugend in Niederbettingen an der Kyll damit, Ostereier über die Häuser zu werfen, ohne an Gewinn zu denken. Sieger war, wer am weitesten warf. Henrichs sagt von diesen Eierspielen: »Was heute vielfach Kinderspiel ist, war ehedem Segensritus« – im Sinne von Fruchtbarkeitsritus.

Wer ist der Schnellste? / Schönecker Eierlage

»Hopp, hopp, loof, loof!« feuern ihn, vermischt mit Klatschen, die Zuschauer an. Noch sieben von den insgesamt 104 in einer Linie aus Sägemehl ausgelegten Eiern hat der Raffer in den Korb zu schaffen, zu »raffen«. Welche Anstrengungen das den 22jährigen Schönecker Junggesellen trotz des vielen Trainings für diese Stunde kostet, verraten am deutlichsten die Schweißperlen auf seinem Gesicht. Der Sprecher teilt gerade über Lautsprecher mit, der Läufer habe soeben den Ortseingang wieder erreicht. Die Spannung steigt schlagartig. Eine Frau neben mir prophezeit besorgt: „Das kann der Raffer kaum noch schaffen!" Gemeint ist die schnellere Erfüllung seines Auftrags, bevor der Läufer eingetroffen ist, denn dann hätte der Raffer gesiegt. Die Frau behält recht. Nur noch wenige Minuten dauert es bis zur Entscheidung. Wiederholt fordert der Sprecher die dicht gedrängt stehende Zuschauermenge auf, für den heranspurtenden Läufer, einen 21jährigen Blondschopf, die Gasse freizumachen. Kurze Unruhe in der Menge und aufkommendes Klatschen. Da ist er auch schon! Der Raffer befindet sich indessen auf dem Weg zum letzten Ei.

Ein hartes Kopf-an-Kopf-Rennen wurde diese »Schinecker Eierlog« 1980. Der Läufer gewann mit einer Zeit von 34 Minuten und 47 Sekunden. Eine beachtliche Leistung, wenn man bedenkt, daß er eine Strecke von zweimal 3,8 km zum 122 m höher gelegenen Nachbarort Seiwerath und zurück, zu bewältigen hatte, diesmal an einem recht sonnigen Ostermontag. Manchmal aber gibt es Gegenwind oder andere Wetterhindernisse. In der »gleichen« Zeit muß sich der Raffer sputen, die 104 rohen Eier einzeln in den am Startpunkt stehenden Korb zu schaffen. Das heißt 104 mal starten, bücken, Ei »raffen«, umwenden, zurückspurten und das Ei in den Korb – heute Plastikschüssel – legen. So geht es rund 35 Minuten lang, ohne Pause, wenn auch mit

einem vorauseilenden »Schrittmacher«, und das in weißer Pagenmontur mit einer roten Schärpe um die Taille.

An diesem originellen »vielhundertjährigen Brauch«, der den aktiv Beteiligten so viel sportliche Kondition abverlangt, halten die »Schinecker« mit bemerkenswerter Treue fest. »Auch wenn Heugabeln fallen«, findet die »Eierlog« statt, sagt mir eine Einheimische. Ein kurzer Blick in die Festschriftliste bestätigt das. Der Sprecher erklärt den Gästen wiederholt, daß die Schönecker Eierlage der Ursprung und das Vorbild für alle ähnlichen Veranstaltungen ist, die heute an anderen Eifelorten »nachgemacht werden«. So in Neroth (1980 bereits zum 56. Male!), Neuerburg, Habscheid und Rodershausen. Gewiß gibt es Abweichungen: andere Termine, Veranstalter, Anzahl der Wettkampfpaare oder Entfernung zwischen den ausgelegten Eiern. Aber im Prinzip ist es das gleiche Osterbrauchtum wie beim Schönecker Original. Das bedeutet wohl kaum eine Schmälerung. Auch andere jahreszeitlich bedingte Eifeler Bräuche werden ja nicht nur an einem einzigen Eifelort gepflegt.

Wichtig für die Entstehung in Schönecken war die Tatsache, daß Schönecken eine große Burg (heute imposante Ruine) mit etlichen Burgjunkern besaß. Einer »Schilderung aus dem Jahre 1870« gemäß waren es zuletzt 14 Junker, die sich für Zwecke der Nachrichtenübermittlung Läufer, also Laufburschen hielten. Dabei gab es gelegentlich unter ihnen auch Meinungsverschiedenheiten und Wetten darüber, wessen Läufer der schnellste sei, bis zur Festlegung eines Termins, zu dem öffentlich die Probe aufs Exempel gemacht wurde. Bereits für das Jahr 1764 ist die Schönecker Eierlage in einem Gerichtsbeschluß historisch belegt. Bis um 1840 lief der Läufer noch nach dem rund $^3/_4$ Stunden entfernten Niederhersdorf, wo er zum Beweis

seiner Ankunft mit Kreide ein großes Kreuz auf die Kirchentür zu zeichnen hatte.

Seit den Zeiten der Schönecker Rittersleute hat sich die Junggesellen-Sodalität, das Salditschen oder Saldätschen, wie die Einheimischen sie nennen, des Volksfestes am Ostermontag angenommen. Aus dem Kreis dieses Junggesellenvereins von Schönecken, einem der ältesten Vereine im Rheinland überhaupt, werden alljährlich am Palmsonntag die beiden Hauptfiguren Raffer und Läufer gewählt, die dann auch sogleich das Training aufnehmen. Am Festtag selbst ist die fahnen- und tannengeschmückte von-Hersel-Straße eigentlicher Schauplatz des Geschehens. Gegen 13.30 Uhr wird von der Burggaststätte aus die Eierlinie aus Sägemehl am Straßenrand gezogen. Dann werden unter der Aufsicht des Hauptmanns und des Brudermeisters der Sodalität jeweils im genauen Ab-

stand einer preußischen Elle (66,7 cm) die Eier verlegt. Der Raffer und der Läufer sehen nach, ob alles den Vorschriften entspricht. Um 14 Uhr zieht unter den Klängen des örtlichen Musikvereins der Festzug durch den Burgort. Gegen 14.30 Uhr gehen die Wettkämpfer an den Start. Sie eröffnen das Spiel mit Handschlag, Bruderkuß und Umarmung. Auf einen Böllerschuß hin laufen sie los.

Der Sieger erhält heute neben seinem verdienten Blumenstrauß eine goldene Uhr, der »Zweite Sieger« ein vergoldetes Feuerzeug. Beide Ehrengaben sind Stiftungen örtlicher Förderer. Die vom Raffer in den »Korb« gesammelten Eier werden am Osterdienstag buchstäblich »in die Pfanne« gehauen. Die meisten Junggesellen haben sich für diesen Tag Urlaub genommen. Das Brauchtum ist ihnen das wert.

Der Mai ist gekommen / Maibräuche

Im viel besungenen Wonnemonat Mai erleben die Eifeler Bräuche eine regelrechte Hochkonjunktur. Gewiß gibt es dabei Unterschiede, je nachdem, wohin man in die Eifel kommt. In der Nord- und Osteifel, beispielsweise in Kall sowie an der Ahr, sind Maijelooch und Mailehen, die Versteigerung der Maimädchen, noch immer beliebte und bewegende Aktionen der oft locker vereinigten Junggesellen und Burschen des Ortes, während man solches Maibrauchtum in den Kreisen Daun und Bitburg-Prüm, in der Mittel- und Westeifel also, praktisch kaum kennt. Ähnlich sieht es aus bei den mit bunten Bändern geschmückten Maisträußen, den sogenannten Maien aus Birken oder Buchen, die so mancher Maijunge seinem Maimädchen oder seiner verehrten Schönen in der Nacht zum 1. Mai ans Haus oder aufs Dach steckt.

Maibaum

Mit dem großen Maibaum für den ganzen Ort verhält es sich dagegen anders; den hat heutzutage fast jedes Eifeldorf. Meist handelt es sich dabei um eine möglichst hohe und bis zum Wipfel geschälte Fichte. »Es gereicht jedem Dorf zur Ehre, den höchsten Maibaum (Fichte), der bunt mit Bändern geschmückt ist, aufzurichten« (Krämer). Vielfach schmücken die Bänder auch einen weiten Kranz aus Fichtengrün, der unterhalb des Baumwipfels aufgehängt wird. Wrede nennt als Art des Maibaums »meist eine junge Birke oder junge Buche«. Die können aber der Höhe nach kaum mit einer Fichte konkurrieren. Soweit bekannt, wurde der erste Maibaum im Eifeler Raum schon für das Jahr 1224 in Aachen bezeugt (Wrede). Der Maibaum gehört in der Eifel also zum uralten

56

Brauchtum, wenn er auch früher nicht so gleichmäßig wie heute vertreten war.

Einholen und Aufstellen des Maibaums bilden gleichsam den Start des Maibrauchtums. Beides geschieht bereits am Nachmittag oder Abend des 30. April. Früher war das Baumfällen mit der Axt noch harte Holzhaufacharbeit, heute erledigt die motorisierte Baumsäge das schneller, bequemer und exakter. Aber immer noch wird der Baum von Hand geschält, »um mit dem unter der Rinde festsitzenden Ungeziefer auch die bösen Geister zu vertreiben . . .« (Henrichs). Früher bekamen die Burschen manchmal auch Schwierigkeiten mit den für den Wald zuständigen »Stellen«. »Heute ist so ein Baum von Förster oder Gemeinde . . . freigegeben, früher wurde er, was zünftiger war, stibitzt. Erst in der NS-Zeit wurde so etwas organisiert, und HJ und BDM mußten sich dann unterm Maibaum zum Feiern und Singen einfinden. Das ging früher und das geht auch heute wieder spontan vor sich« (H. Meyer).

Mancherorts bewirkt die Höhe des Maibaums eine Rivalität mit der Jugend des Nachbarorts. »Die gesamte männliche Jugend . . . hält (dann) die Nacht über Wache, daß er nicht durch den boshaften Neid des Nachbardorfes gefällt wird« (Krämer). Durchweg wird der Maibaum immer an derselben zentralen beziehungsweise gut überschaubaren Stelle des Dorfes in einem Bodenloch aufgerichtet und gut verkeilt. In Niederbettingen an der Kyll, wo die Freiwillige Feuerwehr den Brauch pflegt, benutzt man seit Jahren dazu eine fest betonierte Eisenhalterung mit Rohrschellen.

Von Mayschoß an der Ahr berichtet Josef Ruland ausführlich über das Einholen und Aufstellen des Maibaums: »Am 30. April vormittags lassen die Junggesellen eine Messe für die Lebenden und Verstorbenen der Gemeinschaft lesen. Nachmittags sammeln sie sich (ab 18 Jahren) auf der ›Wooch‹ und fahren mit dem Trecker in den Recher Berg, ›em Berlich‹, wo ihnen der Arenbergische Förster eine hohe Fichte zugewiesen hat.

Nach einem kräftigen Umtrunk wird sie geschlagen, gesäubert und vom Trecker ins Dorf geschleppt, wo ihre blanke Spitze mit einer geschmückten Tanne verziert wird. Währenddessen haben vier vom Maikönig (früher Scholtes) bestimmte junge Burschen das Loch gemacht, in dem der Baum aufgerichtet wird. Bei Abzug aus dem Dorf und Rückkehr wird gesungen, z. B.:

> Grün, ach grün, wie lieb ich dich, oder:
> Schönste aller Schönen,
> was führst du im Sinn?
> Einen andern tust du lieben,
> Mich suchst du zu betrügen,
> drum reich mir einen Kuß
> weil ich jetzt scheiden muß.

Nach einem dreimaligen Umzug vom Maijelooch um den Baum geht der Weg durchs Dorf zum Winzerverein . . .« (Ruland).

Das emsige Geschehen und vergnügte Feiern beim Aufrichten des Maibaums findet letztlich seine tiefere Bedeutung im Sinngehalt dieses grünen Symbols, den ihm der Volksglaube gegeben hat. Er sieht darin den Ausdruck der Bitte um frisches Blühen und Gedeihen in Feld und Wald sowie in Haus und Hof.

Maistecken

Die gleiche Bedeutung als Fruchtbarkeitsritus kommt auch dem in der Nordeifel (früher Kreis Schleiden und südlicher Kreis Euskirchen) und in dem rheinwärts gelegenen Teil der Eifel gepflegten Brauch des Maisteckens zu. Natürlich ist dies auch ein demonstratives Zeichen der Verehrung. Es geschieht meist in der Nacht zum 1. Mai, nachdem abends die Versteigerung der Mailehen stattgefunden hat.

Schon 1856 berichtete J. H. Schmitz über diesen schönen Brauch: »Nach der Versteigerung beeilt sich jeder Bursche, seinem ‚Mai-Lehen‘ oder seiner ‚Mai-Frau‘ einen schönen Maien (Strauß) an den Giebel oder auf das Dach ihrer Wohnung zu stecken, wogegen

jene dessen Hut für den Tanz mit bunten Bändern und Blumen schmückt« (Schmitz). H. Meyer weist darauf hin, daß der Brauch des Maisteckens auch ohne Verbindung mit dem Mai-Lehen geübt wird. »Abgesehen von dieser allgemeinen Maiversteigerung (Mai-Lehen) bringt aber überall jeder Verehrer seinem Mädchen den Maibaum. Der ›Baum‹ ist dann eine schöne stolze Maihecke, manchmal aber auch ein ausgewachsener Birkenbaum. Meist sind es Birken und manchmal kommen die Maijungen in Verlegenheit, wenn der ›Mai‹, das Grün, noch nicht richtig entwickelt ist. Der Maibaum oder Maistrauß, mit bunten Bändern prächtig geschmückt, wird am Giebel oder überhaupt möglichst hoch auf dem Haus der Liebsten präsentiert. In der Gegend zwischen Mechernich, Münstereifel . . . bei Flamersheim, Rheinbach bis zum Rhein werden aus Stattlichkeit und Farbenpracht der Maisträuße (auch heute noch) manche Farborgien. Gelegentlich, aber auch nur gelegentlich, setzt ein enttäuschter Liebhaber seiner Verflossenen schon mal eine dürre Hecke aufs Dach« (H. Meyer).

Hexennacht

In der Mitteleifel, zumal im Kreis Daun, wird die sogenannte Hexennacht zum 1. Mai von den Dorfburschen zu allerhand Schabernack, der in der Regel unschädlich ist, genutzt. In jener Walpurgis-Nacht, wo nach altem Volksglauben die Hexen zum Hexensabbat auf den Blocksberg als Hexentanzplatz kommen, wechselt manches bewegliche Inventar um Haus und Hof seinen angestammten Platz. Milchkannen, Melkschemel, ausgehängte Türen, Leitern und Landmaschinen findet der Besitzer oft erst nach längerem Suchen am hellichten Tag am anderen Dorfende in einem Versteck wieder. Die Burschen kreuzen derweil mit steifem Gesicht oder höchstens verwunderter Miene durch die Dorfstraßen, als hätte die ganze Sache mit ihnen keineswegs etwas zu tun. Schwierig wird es erst dann, wenn das »verhexte« Ding so schnell nicht zu finden ist oder spät im Herbst nach dem Laubfall am Waldrand zwischen den Bäumen und Sträuchern durchschimmert. Derlei »Hexen« sollen z. B. in Pelm, Oberbettingen oder Birgel (Kreis Daun) auch schon Kettenschlösser geknackt und beladene Mistwagen weggeschafft haben.

Früher waren die Haus- und Hofbesitzer im Abwehrkampf gegen die Hexen anders auf der Hut. »In der Mainacht (30. 4./1. 5.) wurden alle Ställe mit gesegneten Sachen versehen, damit die in dieser Nacht besonders spukenden Hexen dem Viehe keinen Schaden zufügen könnten. Auch wurde diese Nacht (mitunter auch den ganzen Monat des Nachts) hindurch mit den Glocken geläutet, damit die Saaten vor Schaden bewahrt bleiben möchten« (Schmitz).

Maria, Maienkönigin / Maiandacht und Maialtar

Des Eifelbewohners inniges Vertrauen zur Gottesmutter Maria ist ein hervorragender Einzelzug seiner christlichen Frömmigkeit und Glaubenstiefe. Zahlreiche Bildstöcke mit dem Marienbild in der Nische sowie eine ganze Reihe von Wallfahrtskapellen bezeugen die in der Eifel lebendige Marienverehrung. So manche Votivtafel an der Wand einer Gnadenkapelle – auch aus jünster Zeit – belegt, daß der an dieser Stätte inständig und gläubig Bittende auch Trost und Hilfe gefunden hat.

Etliche Klöster und Wallfahrtskirchen in der Eifel tragen den Namen Mariens, etwa Maria

Laach, Mariawald bei Heimbach, Maria Frieden bei Dahlem (Kronenburger Land), Maria Martental bei Kaisersesch und Maria vom klaren Bronnen (Büschkapelle) bei Gerolstein.

Wallfahrer ziehen noch immer mit ihren besonderen Anliegen zum Gnadenbild Mariens nach Barweiler bei Adenau oder nach Heimbach. Besondere Vorliebe empfindet der Eifeler für das Vesperbild der Schmerzhaften Mutter, das unter den Eifeler Kunstwerken zu Ehren der Mutter Gottes auffallend häufig vorkommt. Manche Eifeler Mutter mag sich gerade in der Stimmung und Ausstrahlung, die von diesem Bildnis der klaglos duldenden Mater dolorosa ausgeht, selber wiederfinden, nicht nur in Zeiten äußerster Not, wo die Menschen sicher mehr als sonst des Trostes und des ermutigenden Beispiels bedürfen. »Und so ist es wohl auch nicht Zufall, sondern tiefste Verbundenheit zwischen Mensch und Landschaft, daß all das Leid, die Bedrückung und der Schmerz ihren vergeistigten, hehrsten Ausdruck fanden in einem der schönsten und ergreifendsten Kunstwerke unserer Heimat – der schmerzhaften Mutter im uralten Weinfelder Kirchlein.

Nirgendwo klingen Landschaft, Glaube, Seele und unermeßliches Leid in solcher Innigkeit und Tiefe zusammen wie in diesem unserem ehrwürdigkostbaren Erbstück vergangener Jahrhunderte – dem von den sieben Schwertern durchbohrten Mutterherzen« (Dohm).

Das Kirchenjahr bietet viele Anlässe zur Marienverehrung. Da gibt es gar zwei Marienmonate; den Mai und den Oktober, den »Rosenkranzmonat«. In Kirchenliedern des vorigen Jahrhunderts huldigte man geradezu inbrünstig der Gottesmutter Maria als „Maienkönigin«. Wer sang nicht gerne mit:

> »Maria, Maienkönigin, dich will der Mai
> begrüßen;
> O segne ihn mit holdem Sinn und uns zu
> deinen Füßen!
> Maria, dir befehlen wir, was grünt und
> blüht auf Erden.

O laß es eine Himmelszier in Gottes Garten werden!«

Im heutigen Gebet- und Gesangbuch »Gotteslob« für das Bistum Trier ist dieses schöne »Marienlob« nicht mehr verzeichnet. Im »Gotteslob« für das Erzbistum Köln heißt es jetzt statt »Maienkönigin« »Himmelskönigin«.

Die symbolische Verbindung zwischen der Gottesmutter, die den Erlöser zur Welt gebracht hat, und der jährlichen »Wiedergeburt« in der Natur, wie sie der Eifelbewohner besonders augenfällig im frischen Maigrün erlebt, mag für den religiös gebundenen und empfindenden Menschen dieses noch weitgehend naturhaften Landstrichs gedanklich sehr nahe liegen. So lädt die Maiandacht hier noch immer die Gläubigen zu gemeinschaftlicher Betrachtung im Gebet ein. Hinzu kommt die schmuckvolle Herrichtung eines Maialtars oder mindestens eines »Altärchens«, sowohl in der Kirche als auch daheim. Man will der Gottesmutter sichtbar nahe sein. Allerdings wird dieser Maibrauch heute weniger geübt als früher.

Der Entstehung nach ist die Maiandacht eine sehr alte Andachtsform. »Besondere Maiandachten lassen sich schon im Mittelalter feststellen. Sie hatten (zunächst) die Aufgabe, überkommene heidnische Maifeiern römischen und germanischen Ursprungs verchristlichen zu helfen. Daß man aber den ganzen Monat Mai durch tägliche, oder wenigstens häufige Gebete der Gottesmutter ›weihe‹, ist ein Ergebnis einer Entwicklung, die im 17. Jahrhundert einsetzt und in der Mitte des 19. Jahrhunderts abgeschlossen ist« (Adam).

Es mag daher nicht sonderlich verwundern, daß in manchen Eifeler Kirchen und Kapellen sogar Maiandachten ohne Priester abgehalten werden, und zwar mehrmals in der Woche. So erfuhren wir es in dem kleinen Kapellenort Langscheid bei Münstereifel, wo die Frauen des Dorfes diesen frommen Brauch sehr anhänglich pflegen, aber auch in dem bedeutenden Marktort Hillesheim, wo

zweimal in der Woche eine Maiandacht statt-findet, donnerstags um 19 Uhr als »Maiandacht der Gemeinde, gestaltet vom Frauenbund, und freitags 19 Uhr Maiandacht mit eucharistischem Segen«. In Eifelpfarreien mit mehreren Filialorten wechseln sich vielfach die Andachtsorte wöchentlich ab.

Der schöne Maibrauch, einen Hausaltar bzw. ein Maialtärchen in der häuslichen »Stuff«, dem heutigen Wohnzimmer, zu errichten und mit frischen Blumen zu schmücken, läßt dagegen merklich nach.

Mancher Eifelpastor bemüht sich jedoch, den schönen Brauch durch Hinweise im Pfarrbrief oder im kirchlichen Schaukasten seinen Pfarrkindern ans Herz zu legen.

Maijelooch

Für die Bewahrung und Pflege der Maibräuche tun in der Eifel die Junggesellen bzw. die jungen Burschen besonders viel. Sie bilden dazu in der Regel eine Vereinigung, das sogenannte Maijelooch (Gelage). Das Maijelooch kümmert sich nicht nur um den großen Maibaum für den ganzen Ort sowie um die Maisträuße an den Häusern der Dorfschönen, sondern mit mindestens dem gleichen Eifer auch um die Versteigerung der Mailihn (Mailehen) und um das Maifest, das häufig am Pfingstmontag gehalten wird. Die Mädchenversteigerung fand als alter Eifeler Brauch früher in vielen Gegenden der Eifel statt, doch nicht unbedingt im Mai, etwa in Gerolstein und in der Westeifel am ersten Sonntag der Fastenzeit, dem sogenannten Burg- bzw. Scheibensonntag (Schmitz, Wrede), in Lommersdorf und Dollendorf (Blankenheimer Land) am Ostermontag (Wrede) und in Birresborn (Kreis Daun) und Ulmen (Kreis Cochem) zur Kirmes (Schmitz).

Hubert Meyer bemerkt in seinen nachgelassenen Papieren scherzhaft: »Versteigerung (nicht Verkauf) der Mädchen. Wer übel will, der sucht dies als kannibalische Bräuche abzutun«. Es mag tatsächlich heute, wo viel von Emanzipation und Gleichberechtigung von Frauen und Männern geredet wird, vorkommen, daß solche »Mädchenversteigerungen« wie beim Maijelooch mißverstanden werden. Doch wie kommt es zur Versteigerung? »Wochen vorher tritt das Maijelooch . . . zusammen. Dies wird angeführt vom ›Scholtes‹ (Schultheiß) – an der Ahr heißt er heute ›Maikönig‹ – oder ›Hötjon‹ (Hauptjungen, man kann es auch mit Hüte-Jungen übersetzen). Der ist auch verantwortlich, daß alles in ›Zucht und in Ehren‹ vor sich geht. Natürlich steigert jeder jene, die er sich auch sowieso schon aufs Korn genommen hatte, und wer mit Lieschen schon einig war, der wird schon sorgen, daß sie ihm auch zugeschlagen wird. In Kall, wo diese Art Maifeier besonders typisch war . . ., hieß der Versteigerer ›dr Küert‹, der Kuhhirte, also auch einer, der behütet und betreut. Dort war und ist die Maiversteigerung stets auf dem Felsen . . . Auch hier wird, wie an noch anderen Plätzen, ›das, was übrig bleibt‹, in den Sack geworfen oder ›auf den Knubbel‹ versteigert. Das hört sich schlimmer an als es ist« (H. Meyer).

Was »Knubbel« ist, erläutert Wrede so: »Die Mädchen, die keinen Bieter fanden, (also) nicht angesteigert wurden, werden als Bündel, Rummel, Knubbel, Jebött (Innerei), Rötzje (Rest) zusammengefaßt und insgesamt als Ganzes angeboten; meist werden sie von einem Mitleidigen übernommen, der dann der Dorfrämmel ist (Nordeifel, Kölner Sprachraum)« (Wrede).

Für Mayschoß (Ahr) beschreibt Josef Ruland 1972 noch eine andere Bedeutung des »Knubbels«: »Alle Jungen, die nicht steigern, kommen in den Knubbel, wofür sie eine Straftaxe, etwa 5,– DM, zahlen müssen. Der Knubbel setzt seinen Stolz darein, das Tun und Treiben der übrigen zu überwachen. Jedes Vergehen erbringt nämlich Geld für die gemeinsame Kasse!«

Welches »Vergehen«? Etwa der Schabernack, den die Jungen nach Mitternacht (»Walpurgis-Nacht«) in Mayschoß treiben, wenn sie ihren angesteigerten Mädchen Haselnußäste

(in Ermangelung von Birken- oder Buchen-maien?) ans Haus stellen? Oder, wenn sie einem »nicht gelittenen Mädchen ... einen Schlehenzweig« oder einem Mädchen »mit übler Nachrede einen Kirschenzweig, ›an dem jeder pflücken kann‹« präsentieren? (Ruland).

Keineswegs! »Vergehen« sind die Pflichtverletzungen der Maijungen gegenüber ihren Mailihn. Hierüber wacht mit Argusaugen der sogenannte Bott (Bote, Hüter), um gegebenenfalls Bußgelder zu kassieren, damit die Festkasse stimmt.

Worin bestehen nun diese Pflichten? Holen wir uns die Antwort wieder in Mayschoß, wo sie besonders farbig gegeben wird! »Am 1. Mai gehen die Jungen sich bei den Mädchen vorstellen, die natürlich gespannt sind zu erfahren, wer denn der Verehrer ist. Mit den Worten ›Dau boß füer vierzehn Daach meng Mailihn‹ erhält das Mädchen in Gegenwart der Eltern einen Blumenstrauß und weiß nun, wer es in den nächsten Wochen betreut. Ehedem reichte das Lehnsverhältnis bis zur Bohnenblüte (Mitte Juni), heute nur noch 14 Tage. Der Abend von Samstag auf Sonntag, der Dienstag- und der Donnerstagabend sind die sogenannten ›Kommowende‹ (Kommabende), an denen der Junge das Mailehen zu besuchen hat ... Leider beschränken sich die Abende bei Abwesenheit der Burschen zum Militär etc. auf einen. Der Junge bleibt etwa 3–4 Stunden bei dem Mädchen, wobei allerlei erzählt wird. Der Vorstand hat das Recht zu kontrollieren, ob diese Pflicht des Besuchs auch übernommen worden ist.

Am 1. Sonntag nach dem 1. Mai ist eine gemeinsame Wanderung ... nach Altenburg ..., wo man im Gasthaus ›Horn‹ einkehrt. Früher gingen Instrumente mit, heute Schallplatten. Die Jungen bringen einige Flaschen Wein mit, jeder 3–5, die Mädchen belegte Brote. Draußen wird auch gesungen: ›Das Wandern ist des Müllers Lust ...‹ (bis) ›Einst hat sich ein Fähnrich wohl in ein Mädchen verliebt ...‹ ... Am 2. Sonntag im Mai

ist dann Musik im Winzerverein« (Ruland). Nach einem Zug durch den Ort, bei dem die Maikönigin und die anderen Damen des Jeloochs abgeholt werden, feiert man nun Maiball, anderswo Maifest. Die Vorrechte der Jeloochjungen vor allem beim Tanzen haben gegenüber früher abgenommen, entsprechend den verminderten Pflichten. »Jeder kann an diesem Maiball teilnehmen. Die Maijeloochmitglieder erhalten schon einmal Extratänze und sind durch Maiglöckchen im Knopfloch ... erkenntlich. Die Mädchen tragen die Blumen im Haar. Abends erhalten die Jungen im Hause ihres Mailihns ein gutes Essen, und danach geht's weiter im Tanz. Offiziell endet mit diesem Ball das Verhältnis« (Ruland).

Tags drauf machen die Jeloochjungen blau, räumen den Saal auf etc. und feiern Resteverzehr. Oft sind sie dann abends »so mitgenommen, daß sie mit allen Kleidern durch die Ahr marschieren. ›Die Badesaison ist eröffnet.‹« (Ruland).

Das Maijelooch verfährt jedoch nicht überall gleich in der Eifel. Für die Ausübung dieses Brauchs in Kall ist nach Wrede »besonders beachtenswert ... die Paarung der Burschen und Mädchen am Vorabend des 1. Mai aufgrund einer Liste«. Ist die Maifeier durch das Lied »Der Mai ist gekommen« eröffnet, verkündet der »Küert« stolz vom Kaller Felsen der gespannt lauschenden Versammlung: »Hüert ..., wat dä ... Kaller Küert (Kuhirt) befiehlt!« (Wrede). Dann verliest er die Namen der Paare, deren Zusammenstellung bisweilen wenig Begeisterung weckt. Gleichzeitig »lodert ein mächtiger Holzstoß ... auf, das Maifeuer«.

Vom »Küert« als Jelooch-Chef in Kall ist es räumlich nicht sehr weit bis zum »Maigrafen«, der sich seine »Maigräfin« auch selber erwählt. Ihn kennt man in der »nördlichen Eifel, da, wo sie schon ins Dürener Land übergeht« (H. Meyer).

So interessant es sein mag, ob ein »Scholtes«, »Küert«, »Maigraf« oder gar ein »Maikönig« das Maijelooch anführt und ihm »befiehlt«,

immer enthält dieser schöne Maibrauch viele Zeichen der Zuneigung und Verehrung für die Eifeler Mädchen. Dafür ein letztes Beispiel. Es zeigt uns ferner, wie stark es auswärts lebende Eifeler zum Maifest, ähnlich wie zur Kirmes, in die Heimat ziehen kann: »Eine Eifeler Vereinigung für Köln-Mühlheim und Leverkusen feierte Maifest 1959 in Kelberg (Hocheifel). Den Mittelpunkt bildete die ›Krönung der Maikönigin‹, die aus Kyllburg (Kr. Bitburg) stammte und einige Zeit vorher durch Los ermittelt worden war. Zum Maikönig erkor sie einen Landsmann der Vereinigung, der aus Messerich (Kr. Bitburg) stammte; je ein Mädchen aus Mayen und Wittlich gebürtig wurden zur ›Hofdame‹ bestimmt. Ein festlicher, von Trommlern und Pfeifern geführter Zug geleitete die Maikönigin und ihr Gefolge zum geschmückten Ballsaal, in dem das Maifest inmitten der einheimischen Bewohner gefeiert wurde« (Wrede).

Daß du die Früchte der Erde geben mögest! / Bittprozessionen

Der fromme und gläubige Sinn des Eifelers hängt eng zusammen mit seiner Bindung an die Natur, deren Schönheit zum Greifen nahe vor seiner Haustür liegt. Aber auch sein wirtschaftliches Wohlergehen war lange genug von ihr abhängig, genauer: von dem Ungemach ihrer oft rauhen Witterung und dem, was diese als Ertrag auf den Äckern und Wiesen heranreifen ließ. Ende April bis dreiviertel Mai wirkt die Eifel vielfach noch herb. Alles Grünen und Blühen kommt in der Regel um Wochen später als in anderen Gebieten mit milderem Klima. Häufig gefährden Nachtfröste das Überleben der jungen Triebe und Blüten.

Gerade in diese Frühjahrswochen fällt die Zeit der Bittprozessionen. Eindrucksvoll ist das Bild, wie sie mit Kreuz und Fahnen an der Spitze durch die Fluren ziehen. Wer eben einigermaßen zu Fuß oder beruflich abkömmlich ist, macht mit. Bis zur Neuordnung des Kirchenjahres 1969 gab es noch vier Bittprozessionen. Die am Markustag, am 25. April, machte als »Markusprozession« den Anfang. »Wenn im Feld die Frucht hoch steht, daß sich eine Krähe darin verstecken kann, geht die Markusprozession«, sagte man im mittleren Kylltal.

Die verbliebenen anderen Bittgänge finden an den drei Tagen vor Christi Himmelfahrt statt, vor »Herofferstag« (des Herrn Auffahrtstag), wie er in der Westeifel heißt (Wrede).

Die Bittprozessionen im Frühjahr stammen aus römisch-germanischer Wurzel, also aus vorchristlicher Zeit. Die Kirche hat die damit verbundenen heidnischen Bräuche abgeschafft, jedoch den »Feldkult in verchristlichten Formen« (Wrede) fortgesetzt. Heute heißt es in der neuen Grundordnung des Kirchenjahres: »An den Bitt-...tagen betet die Kirche ... besonders für die Früchte der Erde und für das menschliche Schaffen ...« (Adam).

An den Beziehungen Mensch-Natur-Übernatur ist für den Eifeler nicht zu rütteln. Daß er aber auch auf Äckern und Wiesen dem Herrgott nicht allein die Arbeit überläßt, versteht sich, doch erbittet er Gottes Segen für seine Arbeit.

Eine humorvolle Erzählung aus dem handschriftlichen Nachlaß von H. Meyer veranschaulicht dies: »Es gibt da die hübsche Prozessionsanekdote, von der man oft hört, daß sie sich mal bei dem einen, mal bei dem anderen Dorf zugetragen habe; sie könnte auch überall hinpassen, wo gottvertrauende, aber auch stark erdverbundene Menschen

wie die Eifeler ausziehen, um beim Gang durch die Fluren den Segen von oben zu erbitten. Für die, die auf diesen Feldern (und) Äckern und von ihrem Ertrag leben, ist so eine Flurprozession gewiß mehr als nur ein Ablauf eines Jahresbrauchs. Wenn schon die ganze Gemeinde, wenn fast das ganze erwachsene Dorf sich aufmacht, um Feld, Wiesen, Äcker und Raine zu besichtigen, kam der Eigentümer-Bauer auch in die Rolle dessen, dessen Äcker und Arbeit daran ›beurteilt‹ wurde. Es war zwar kein Urteil, das aus solchen Flurbesichtigungen gebildet wurde, aber es konnte doch schon der bäuerlichen, zumal der kleinbäuerlichen Ehre nahegehen, wenn man nachher vertraut oder auch in aller Öffentlichkeit feststellte, der hatte aber den Rain schlecht gepflegt oder der hatte ja noch einen Pflug oder eine Egge ungepflegt im Acker stehen oder, das hing dann wenigstens ein wenig mit dem gottverbundenen Zweck der Bittprozession zusammen: › . . . bei dem Möllersch Hannes moßte mer ävver laut bäerden, dat dem senge Weeß ens richtig an et waaße kom.‹ (› . . . daß dessen Weizen richtig zum Wachsen kam‹). Weizen gab es nur auf den besten Böden: ›Do wäßt och Weeß . . .‹.

So ist auch die Bittags-Anekdote keinesfalls aus der Luft gegriffen, wenn einer der eifrig bittenden ›daß Du die Früchte der Erde geben und erhalten mögest‹, beim Vorbeigang an einer etwas kümmerlich sprießenden Akkerparzelle hinter dem ›Bitte für uns‹ noch einflocht:

> ›Do helpt keen bäerden, do helpt nur en Kar Moß.‹
> (›Da hilft kein Beten, da hilft nur eine Karre Mist.‹)«

Es kann sogar vorkommen, daß die Bittprozession – schon aus Termingründen – der

Entwicklung in der Natur nachhinkt. Dann hat sie sicher den guten Zweck, den Menschen mit Gottes Fügung wieder zu versöhnen. Über ein solches Geschehen berichtet Bertrang:

»An eine Bittprozession erinnere ich mich noch gut und gerne. Es war die Bittprozession von der Pfarrkirche in Mettendorf via Niehl (Kreis Bitburg-Prüm). Neben der damals noch nicht geteerten Straße standen prächtige Obstbäume. Ihre Blütenpracht erfreute manche Spaziergänger. Alle Obstkenner hofften sehr, die Viezfässer (für den Äpfelwein) im Herbst füllen zu können. Doch der Eisheilige ›Pankraz der Schmoller‹ (12. Mai) machte alle Hoffnungen zunichte. In der ersten Eisheiligennacht war die Vollblüte dahin. Braun bis schwarz zeigte sich das Blüteninnere. Man wußte zu genau, was geschehen war. Und Mattes, der Eifelbauer, grollte dem Herrgott innerlich. Während der Priester und die Gläubigen die Litanei im Wechselgebet sangen, gingen die Gedankengänge von Mattes in eine ganz andere Richtung. Er beugte sich zu Pitta, seinem Gebetsnachbarn, und flüsterte ihm ins Ohr: ›Gedou Pitta, hätt (heute) kenne ma beden – Der du uns den Viez genommen hast!‹ Beide verstanden den Bittruf und schmunzelten vor sich hin. Pitta erzählte noch oft von dem Bittgang am Niehler Berg und erinnert sich an das magere Obst- und Viezjahr.«

Der Eifeler weiß nur zu gut, daß die Ernte nicht in jedem Jahr gleich ertragreich ausfällt. Daß sich auch so bei den Früchten der Erde Gottes weises Walten und der Menschen Wünsche nicht immer und erst recht nicht immer termingerecht decken, tut der Frömmigkeit des Eifeler Menschen keinen Abbruch. An dem schönen und ehrfürchtigen Brauch der Bittprozessionen hält er fest.

Der Geist des Herrn erfüllt das All / Pfingsten

Sieben Wochen nach Ostern ist Pfingsten. Der Name, vom griechischen »Pentekoste« herrührend, bezeichnet den »50. Tag«. Dann stehen uns zwei Festtage ins Haus. Früher waren es sogar noch mehr. Im Erzbistum Köln, wozu der größte Teil der Eifel bis um 1800 gehörte, war bis zum Jahre 1770 der Pfingstdienstag noch ein gebotener Feiertag (Klersch).

Seit jeher machte man zu Pfingsten kleinere Ausflüge, später auch größere, sogenannte Pfingsttouren, und Wanderungen. Die Natur fordert uns dazu heraus. »Das Pfingstfest bildet den Höhepunkt des Frühlings, zugleich aber ist es das Tor zum Sommer« (Klersch). Für Goethe war »Pfingsten, das liebliche Fest, ..., es blühten die Bäume«. Das Pfingstfest war auch der Auftakt für die Übungen der Schützen im Freien (Klersch). Daher finden auch viele Schützenfeste schon zu Pfingsten statt, ebenso etliche andere Frühlingsfeste verschiedener Vereine und Gruppen.

Das Pfingstfest weckte also schon immer Aufbruchstimmung und Unternehmungslust, begeisterte zu neuen Taten, erfüllt mit rechtem Geist. Im Pfingstgottesdienst singen wir: »Der Geist des Herrn erfüllt das All mit Sturm und Feuersgluten«, und in einem anderen Pfingstlied bitten wir geradezu: »Komm, Schöpfer Geist, kehr bei uns ein.« Ohne solches Erfülltsein vom rechten Geist fühlen sich viele Menschen leicht entgeistert, »von allen guten Geistern verlassen«.

Die Kirche feiert in ihrer Liturgie Pfingsten nicht nur als »Fest der Geistausgießung« (Henrichs), das an Jesu Wort an die Jünger erinnert: »Empfanget den Heiligen Geist!«, als er sie mutlos und verängstigt hinter verschlossenen Türen versammelt fand. Pfingsten ist auch der »festliche Abschluß des fünfzigtägigen Osterjubels« (Henrichs). Im Tagesgebet der ersten Pfingstmesse betet die Kirche: »Gott, unser Herr, du hast das öster-liche Geheimnis im Geschehen des Pfingsttages vollendet.« Für sie bilden Ostern, Himmelfahrt und Pfingsten eine zusammenhängende Einheit, trotz der im einzelnen verschiedenen Geschehnisse.

Unsere Altvordern in der Eifel machten sich diese geheimnisvollen Vorgänge recht bildhaft klar. Dadurch ergaben sich manche Bräuche, die wir heute kaum noch kennen. Das zeigte sich schon auf Christi Himmelfahrt. »An diesem Tage wurde früherhin das Bildnis des Heilandes in der Klosterkirche zu Prüm, zur Versinnbildlichung seiner Himmelfahrt, aufgezogen« (Schmitz). Das gab es anderswo so ähnlich, noch im Jahre 1967. »Nach einem sinnenfälligen Brauch«, sagt Henrichs, »wird am Himmelsfahrttag um 12 Uhr mittags, der traditionellen Stunde des Abschieds Jesu, eine mit Blumen bekränzte hölzerne Christusfigur zum Kirchengewölbe hinaufgezogen ...«

Der Heilige Geist wird seit jeher durch die Gestalt einer Taube versinnbildlicht. Was lag also näher, als die Herabkunft des Heiligen Geistes so darzustellen wie die Himmelfahrt Christi? »So werden ... während der Pfingstsequenz lebende Tauben oder auch hölzerne Nachbildungen aus einer Gewölbeöffnung hinabgelassen. Auch brennende Wergflocken, die die Feuerzungen abbilden sollen, werden hinabgeschüttet« (Henrichs). Auch für die Eifel kennen wir diesen alten Brauch, wenn auch nicht mit lebenden Tauben und auch nicht mit Wergflocken. Hubert Meyer hat ihn uns im Jahre 1955 mitgeteilt: »Längst bevor Pfingsten begann, ein Fest der Reisefreuden, ein Fest des hohen Frühlings zu sein, feierten an ihm naturverbundene Menschen die Herabkunft des Heiligen Geistes, aber auch die Allgegenwärtigkeit dieses Geistes in ihrem eigenen Leben. So innig sahen unsere Altvordern dieses Fest, daß sie, alles sich begreiflich machend, auch den Heiligen Geist erfaßbar bei sich haben wollten.

So gab es denn noch bis vor gar nicht so langer Zeit hier und da in Eifeler Kirchen das innig-groteske Schauspiel, daß während des feierlichen Pfingstgottesdienstes hoch aus dem Schlußloch im Gewölbe der Kirche eine Taube als Vergegenwärtigung des Heiligen Geistes höchst gegenständlich auf die fromme Gemeinde herabschwebte. Wie lebhaft der Geist und wie erdnahe seine Herabkunft wurden, das war freilich dem Küster oder seinen Meßjungen überlassen, deren hohes Amt es an diesem Tage war, die hölzerne Taube herabschweben zu lassen. Und da hat manchmal gar ein Spaßvogel oder auch ein derb-gutmütiger Schalk seinen verzeihlichen Zorn am gestrengen Herrn Lehrer ausgelassen, indem er ihm den hölzernen Geist bedrohlich nahe ums gebeugte Haupt schweben ließ. Sobald aber das Evangelium von der Herabkunft des Heiligen Geistes verklungen war, verschwand auch die hölzerne Taube wieder durch das Loch im Gewölbe.«

Die Heiliggeist-Taube spielte auch noch in einem anderen Eifeler Pfingstbrauch eine Rolle, und zwar in Verbindung mit Maibräuchen. »An der Ahr wird an allen Sonntagen während des Maies«, schreibt Schmitz, »eine ›Krone‹ von ausgeblasenen Eiern, Rausch-

gold und Blumen im Orte ausgehangen, um welche die Jugend unter Absingung alter Reimsprüche und Lieder bis spät in die Nacht herumtanzt. Pfingsten schwebt eine hölzerne Taube als Sinnbild des Heiligen Geistes in der Krone.«

Im übrigen gilt auch für die Eifel die Feststellung: »Am Pfingsttage wiederholen sich in manchen Gegenden die Bräuche des 1. Mai, oder aber die Maibräuche werden erst am Pfingsttage geübt« (Wrede). So wird dann aus dem Maibaum ein Pfingstbaum, wie früher zum Beispiel im Maifeld und in Neurath (Prümer Land). Eine Besonderheit war allerdings dabei, daß der Baum »an dem Gipfel mit einem Kranze von Eierschalen, welche an einem Faden angereihet waren, umgeben und mit Bändern geschmückt« wurde (Schmitz). Auch fanden früher in verschiedenen Gegenden der Eifel am Pfingstsamstagabend Heischegänge der Dorfburschen um die sogenannten Pfingsteier statt. Die Herkunft dieses Pfingstbrauchs leitet man aus dem Symbolcharakter des Eies als Frühlingssymbol ab (Klersch).

Pfingsten, das »liebliche Fest«, wurde also auch in der Eifel immer recht brauchtumsfreudig gefeiert.

Deinem Heiland, deinem Lehrer / Fronleichnam

Im Pfarrbrief steht's zu lesen: »Donnerstag 9.30 Uhr Fronleichnamsgottesdienst . . . anschließend Sakramentsprozession.« Im Eifeldorf wissen also alle Bescheid, besonders die jungen Mädchen. Auf sie wartet die Ausschmückung dieser wichtigsten Prozession des Jahres, eine besonders schöne Aufgabe: Sie »weben« die kunstvollen »Blumenteppiche« vor den Altären, an denen die Prozession vorbeikommt und innehält.

Am Abend, bevor die Fronleichnamsprozession geht, wird es sehr rege im Eifeldorf.

Plötzlich zeigt sich eine ungewöhnliche Geschäftigkeit: »An vier Eckhäusern werden die Altäre aufgestellt in einem Hain von Tannen und Wacholder, und Buchenreisen werden eingesteckt den Weg entlang zu beiden Seiten. Verwandte und Nachbarn helfen mit, bis die Dunkelheit dem freudigen Werk ein Ende macht. Rasch stecken die Kinder noch ein paar blühende Ginsterruten, den ›Maireisen‹, an die Füße und träumen in der Nacht von weißen Kleidern und blauen Fähnchen. Des morgens in der Frühe beginnt überall im

Dorf ein Hämmern und ein Klopfen, als gelte es Gott weiß was zu bauen: Kränze und Langgewinde aus Tannen- oder Buchsbaumzweigen, die seit Sonntag schon in kühler Kammer fertig lagen, werden an den Häusern aufgehängt, ein frommer Spruch dazwischen« (Hay).

Im wesentlichen ist es bis heute so geblieben. Besonderer Wert wird immer noch auf den Bau und die Ausschmückung der vier Außenaltäre gelegt, mit ihren herrlichen Blumenteppichen.

Jedes Jahr legen die Dorfmädchen ihre ganze Ehre darein, »ihren Teppich« besonders schön, leuchtend, symbolreich und farbenprächtig auszulegen. Ein heiliger Wetteifer setzt dann ein, der viel Sammlerfleiß verlangt, um die Tausende von Blüten- und Strauchblätter herbeizuschaffen, die für einen bis zu 4 m × 5 m großen Teppich nötig sind. Aber auch viel Einfühlungsvermögen, Phantasie und Geschick, um etwa ein »Lamm Gottes«, einen Kelch mit einer Hostie oder gar einen langen Lobspruch aus Blüten zustande zu bringen. Natürlich sind die Mädchen stolz, wenn ihnen ein solches Prachtexemplar gelungen ist und alle Dorfbewohner es bestaunen und loben, ja Gäste im Dorf anerkennend davor stehenbleiben. Gerne lassen sich die jungen Künstler dann mit ihrem Werk des Jahres fotografieren, und zwar in der Gruppe, die wieder einmal bewiesen hat, was sie gemeinsam leisten kann.

Die vier Altäre weisen in die vier Himmelsrichtungen. Wenn die Prozession hier ankommt, singt man an diesem Ort jeweils die Anfänge der vier Evangelien und versinnbildlicht damit den Missionsauftrag Jesu. Ebenfalls werden hier besondere Bittgebete in kirchlichen und weltlichen Anliegen gesprochen. Dann erteilt der Priester mit der im Sonnenglanz leuchtenden Monstranz den sakramentalen Segen. Er ist ein »Wetter- und Flursegen« zugleich. Die Gläubigen knien beim Segen nieder und machen das Kreuzzeichen. Die Meßdiener geben durch anhaltendes Klingeln das Zeichen dazu.

Dann zieht die Prozession auf ihrem traditionellen Weg weiter durch das Dorf. Die vielen Fahnen – nahezu jedes Haus ist entweder mit einer rot-weißen, gelb-weißen oder blauweißen Fahne beflaggt – verdeutlichen den Festcharakter des Tages. Fronleichnam ist ja ein gebotener Feiertag, mitten in der Woche. Die Straßenränder sind geschmückt mit rotweißen Wimpelgirlanden.

Der Priester schreitet mit dem Allerheiligsten über einen in der Straßenmitte mit Blüten und Blättern gestreuten Pfad, als wäre hier auf dem ganzen Prozessionsweg für den Heiland ein Teppich ausgelegt. Die Musikkapelle des eigenen oder eines Nachbarortes spielt die von Jugend auf vertrauten Kirchenlieder, die Geist und Gemüt immer wieder tief bewegen: »Deinem Heiland, deinem Lehrer«, »Alles meinem Gott zu Ehren«, »Nun lobet Gott im hohen Thron«, »Singt dem König Freudenpsalmen« oder »Beim letzten Abendmahle«. Die Prozessionsfahnen mit den Symbolen der Kirche werden mitgeführt. Die Meßdiener machen den Anfang, die »weißen Kinder« und der Kirchenchor folgen.

Immer noch hat die Fronleichnamsprozession an jedem Ort ihre bestimmte Ordnung. Alle Gruppen im Ort sind vertreten. Noch immer tragen Mütter am Ende des Zuges ihre Kleinsten auf dem Arm, getreu dem Wort des Heilandes: »Lasset die Kleinen zu mir kommen!« Schließlich nähert sich die Prozession dem vierten und letzten Altar. Hier erteilt der Priester den Schlußsegen. Vom Kirchturm erklingt jubelndes Glockengeläute. Auf manchem Eifeldorf wird auch noch gebeiert. Die ruhenden Glocken werden dabei nach einem bestimmten Rhythmus angeschlagen. Jedes Dorf oder jede Pfarre hatte früher dafür einen besonderen Rhythmus und auch einen humorvollen Reim.

Die Prozession ist nach dem Schlußsegen zu Ende. Die Teilnehmer sind ein wenig müde und hungrig. Nicht wenige lechzen nach einem kräftigen Schluck. Zu einem kurzen Frühschoppen reicht die Zeit bis Mittag gerade noch. Die schönen Altäre aber mit ihren

76   Beiern am Fronleichnamstag

herrlichen bunten Blütenteppichen zu ihren Stufen bleiben noch eine Weile in ihrer Pracht erhalten, es sei denn, ein frisches Eifelwindchen hat die eindrucksvollen Bilder etwas durcheinandergeweht.

»Fronleichnam« erhält seinen Wortsinn aus den Bestandteilen »Fron« (Herr) und »lichnam« (lebendiger Leib). Gemeint ist der in »Brot- und Weinsgestalten« verkörperte Leib des Herrn. Die Kirche feiert am Fronleichnamsfest, das immer am Donnerstag nach »Dreifaltigkeitssonntag« (»Frommsonntag«) stattfindet, das »Hochfest des Leibes und Blutes Christi«. Nur an diesem Tag im Jahr – der Donnerstag erinnert an den Gründonnerstag, an dem Christus das Altarssakrament eingesetzt hat – wird das »Allerheiligste« in einer Pfarrprozession durch Dorf und Flur getragen, zu jedermanns Anschauung und Erbauung. Der Priester trägt die konsekrierte Hostie in einem »kostbaren Schaugehäuse«, der Monstranz, sichtbar für alle Gläubigen am Prozessionsweg. Er geht dabei unter dem »Himmel«. Das ist ein über vier Holzschäften ausgespannter viereckiger Baldachin aus verziertem Stoff. Nach altem Eifeler Brauch tragen die vier jungen Ehemänner, die zuletzt geheiratet haben, den Himmel. Sind an der Fronleichnamsprozession mehrere Filialdörfer beteiligt, was in der Eifel nicht selten vorkommt, stellt jedes zur Pfarrei gehörige Dorf einen solchen Himmelsträger. Die Fronleichnamsprozession ist eine besonders prächtige kirchliche Veranstaltung und als solche schon über 700 Jahre alt. Den Anstoß zum Fest Fronleichnam gab im Jahre 1209 die Vision einer Lütticher Augustinernonne namens Juliana. Die erste Fronleichnamsprozession überhaupt ist um das Jahr 1275 in Köln (Stift St. Gereon) bezeugt (Adam; Klersch).

Auf dem Eifeldorf ist die Fronleichnamsprozession eine mit viel Liebe und Eifer bewahrte alte Tradition.

Kirmes ist nur einmal im Jahr / Kirmesbräuche

Daß der Eifeler recht munter und fröhlich zu feiern versteht, beweisen auch seine vielen Kirmessen und die damit verbundenen Kirmesbräuche. Sie werden hier noch recht intensiv gepflegt. Kirmes (von Kirchweihmesse) ist in der Eifel weit mehr als eine Jahres- oder Erinnerungsfeier zum Gedächtnis an die Einweihung der Dorf- oder Pfarrkirche. Wohl hängt dies alles ursprünglich und wesentlich damit zusammen.

Kirmes ist für den Eifelbewohner auch die Gelegenheit, einmal ausgiebig dem Motto »Freut euch des Lebens!« zu huldigen. Oft kann man hier – so in der Mitteleifel – hören: »Kirmes eß nömmer ees em Joor!« Ganz wörtlich ist das aber nicht zu nehmen, jedenfalls nicht für alle Eifelorte. Es gibt eine Reihe, die mehrere Male im Jahr Kirmes haben. Wie in Mayschoß am »Rochesdaach« heißt dann die eine – etwas verkleinernd – »Halbkirmes« oder, wie in Hillesheim am letzten Sonntag im Juni, der Jahreszeit gemäß »Sommerkirmes«. Die zweite ist dann hier am Namenstag des Pfarrpatrons und wird »Märtes-Kirmes« genannt.

Auf der Eifeler Kirmes geht's also nicht nur in der Kirche besonders festlich zu, sondern auch draußen recht weltlich-vergnügt, schon aufgrund der alten Bräuche. Die Eifeler Kirmes dauert mindestens drei Tage, den Samstag davor und den Mittwoch danach nicht eingerechnet. Aber »gewöhnlich wird der Mittwoch noch in Mitleidenschaft gezogen, wenn an diesem die Kirmes vormittags begraben wird« (Wrede).

Die Kirmes bringt Bewegung ins Haus und

ins Dorf, längst bevor das feierliche Hochamt am Kirmessonntag begonnen hat. Schließlich muß sie ja nicht nur daheim durch Putzen und Backen gut vorbereitet werden, sondern ist auch am »Kirmessamstag« regelrecht aus dem Boden »herauszuholen«. Das geschieht draußen vor dem Dorf durch Ausgraben mit Hacke und Schaufel, und natürlich auch mit Fahne und Musik. Für diese feierliche Handlung sind die Dorfburschen zuständig, das »Kirmesjelooch«. Das lassen sie sich auch keineswegs nehmen, ja sie hegen den Brauch, entweder eine volle Flasche Schnaps oder einen Tierknochen als »Kirmesgestalt« auszugraben, mit einer gewissen Inbrunst.

Haben sie dabei die richtige Stelle gefunden und die Kirmesgestalt von der Erde »befreit«, erschallt der freudige Ruf: »Jetz hammer Kirmes!« (Wrede). Im Kronenburger Land sowie im Gebiet der oberen Kyll ist die Kirmesgestalt zwar ein Tierknochen, aber keineswegs ein einfacher Schinkenknochen. »Ursprünglich genügte irgendein Knochen, der an einem langen Stock baumelte, als Symbol der Kirmes. Später trug man auf einer bebänderten Stange die Stirnplatte eines Ochsen mit mächtigen Hörnern als ›de Knauch‹ unter Musik durch den Ort« (Guthausen). Kirmesgestalt oder -symbol kann aber auch, wie in Simmerath-Eicherscheid (Kreis Monschau), eine noch volle Schnapsflasche sein. Am Morgen des darauffolgenden Mittwoch wird diese dann, wenn sie leer ist, »begraben« und damit dann zugleich die Kirmes. So hat man hier wenigstens für den durch das Kirmesausgraben entstehenden Durst ein erstes Löschmittel zur Hand. Auf manchen Eifelorten versinnbildlicht man die Kirmes allein oder zusätzlich zum Kirmesknochen durch eine verkleidete Strohpuppe, den »Zacheies« (Zachäus) oder »Kirmespitter«. »Führt man beim Zug durch das Dorf neben dem Kirmesknochen auch noch wie in Kallmuth (Nordeifel) einen ›Kirmespitter‹ ... im Zuge mit, erhält er während der Kirmestage einen Platz auf einem Balken im Tanzsaal« (Guthausen). Bei Kirmesabschluß

wird er vor dem Dorf feierlich verbrannt. Etliche Eifelorte feiern ihre Kirmes nicht am Kirchweih-, sondern am Patronatsfest, also am Namenstag ihres Pfarrpatrons oder ihrer Pfarrpatronin. Besonders bekannte Beispiele sind hierfür im Juli die Anna-Kirmessen in Düren und Gerolstein. Aber auch so manche Rochus-Kirmes im August oder Martins-Kirmes im November gehört in diese Gruppe. Seit jeher finden die meisten Eifeler Kirmessen im zweiten Halbjahr statt, wenn also der früher durchweg bäuerlich tätige Eifelbewohner entweder das Heu schon »drin« hatte oder die Ernte schon eingefahren war. Dann konnte er sich auch in Ruhe dem Kirmesvergnügen widmen, ja hingeben. Heute spielen diese Dinge nur noch zum Teil eine Rolle.

Zur Kirmes ist es in der Eifel guter Brauch, daß jedes Haus seine Gäste hat. »Kirmes ist ein Hochfest der Gastfreundschaft der Eifeler Menschen« (H. Meyer). Dann kommen nicht nur Verwandte und Bekannte von nah und fern auf Besuch, sondern vor allem auch die auswärts verheirateten oder dort beschäftigten Söhne und Töchter, und zwar mit Kind und Kegel. Das gehört einfach zur Eifeler Kirmes, mehr noch als Kirmesbuden und Karussells auf dem Kirmesplatz. So gesehen ist sie auch ein wahres Familien- oder gar Sippentreffen.

Entsprechend haben die Eifeler Hausmütter als Verantwortliche für den häuslichen »Nährstand« hinreichend vorgesorgt. Das heißt in der Eifel immer in erster Linie: Fleisch da haben für das Kirmesessen und jede Menge Fladen backen für den Kirmeskaffee.

»Jeder anständige Eifeler hat zur Kirmes ein paar Quadratmeter ›Fladde‹ (Gerolsteiner Mundart) und Gäste, die ihm beim Verzehr liebreich zur Seite stehen.« So lautete noch 1980 eine liebenswürdige Einladung zur Gerolsteiner Anna-Kirmes. Im Kronenburger Land und an der Ahr heißen die allseits beliebten Hefekuchen statt Fladen »Taart« (Torte). Ein Außenstehender kann sich kaum einen Begriff davon machen, in welch

schmackhaften, saftigen und farbenprächtigen Abwandlungen, aber auch in welchen »Bergen« die Kirmesfladen dann die Kaffeetische bedecken und beladen. 50 runde Hefefladen zum Fest sind keine Seltenheit. Da gibt es die Reis- und Griesmehlfladen als einfachste Art. Das steigert sich, je nach Aufstrich, zu Fladen mit Fruchtstücken oder Mus aus Äpfeln, Birnen, Pflaumen, Aprikosen, Rhabarber oder sogar kunstvoll gepreßtem Möhrenmus. Neben den vielen Fladen werden häufig noch Streuselkuchen, Weck und Kränze aufgetischt. »Et rüch noh Kirmes« (Wrede), heißt es oft schon ein paar Tage vorher, wenn jemand das Haus betritt und ihm der Backduft in die Nase zieht.

In den 50er Jahren hat man sich Gedanken darüber gemacht, ob der Kirmesfladen in der Eifel aussterbe und vom Konditorkuchen verdrängt werde. Heute wissen wir längst: Die Fladen schmecken den Eifeler Kirmesgästen immer noch gut; manche Besucher sehnen sich geradezu nach solchem Gebäck, wenn es heute auch nicht mehr im hausegenen Steinbackofen oder gar im Gemeindebackhaus, dem alten »Backes«, zubereitet wird. Doch glücklich die Eifelorte, die wie Darscheid und Immerath (Kreis Daun) zum Fladenbacken wieder das restaurierte alte »Backes« benutzen können.

Der Eifeler und seine Gäste leben aber zur Kirmes nicht nur von Fladen. Mancher Besucher ist auch schon zu Mittag da. Natürlich gibt's schon dann »was Extras«. In Dahlem kaufte man für das Kirmesmahl »reichlich ›Jrön Fleisch‹, d. h. frisches Rindfleisch« (Guthausen). Aber es gab auch noch was anderes: »Zum Kirmesessen, das reichlich ist, gehört auch heute noch meist eine kräftige Fleischbrühe mit Markklößchen, Bällchen, Braten vom Schwein, Kalb mit Frischgemüse, je nach der Jahreszeit, Schinken und Wurst, Obst und Süßspeise, und ein guter Trunk. Althergebrachte Kirmesspeisen waren früher eine sehr fette Brühe mit gehacktem Hammel- oder Kalbfleisch, die ›Zos‹, Zause, weiterhin Weißbrei mit Zucker und

Eidotter in Kreisform bestreut. An solchem Brei vermachte man sich über die Maßen. Ein Bauer, der den Brei leidenschaftlich liebte, sagte zu seiner Frau: ›Frau, dou hoas decker (öfter) jehuet (gehört), Mann und Weif sen (sind) eine Leif, dann eaßen ech allt Brei mat fir dech‹ (für dich mit). Eine beliebte Kirmesspeise war in der Südwesteifel (Bitburg, Prüm) Sauerragout aus kleingehacktem Hammel-, Kalb- oder Schweinefleisch mit Zwetschen oder Reis« (Wrede).

Neben Festgottesdienst, Frühschoppen – zur Kirmes darf er etwas länger dauern – sowie Kirmesessen und Kirmeskaffee zählen Kirmesball und Kirmesplatzbesuch zu den Hauptvergnügen am Kirmessonntag.

Die Tanzmusik, die frühestens nach der Andacht, entweder in einem größeren Saal oder Zelt einsetzt, ist in erster Linie für die jungen Dorfmädchen und Dorfburschen das Kirmesvergnügen. Veranstalter solcher Bälle sind entweder der Wirt oder einzelne Vereine, wie Freiwillige Feuerwehr oder Junggesellenverein.

Eine Musikkapelle wird aber heute vielfach auch danach beurteilt, ob sie Schlager »bringt«, die gerade den mittleren Altersstufen noch vertraut sind. Das fällt gewissen »Bands«, die sich heute oft phantasievolle und weniger heimatbezogene Namen zugelegt haben, oft schwerer als Blas- oder gar Einmannkapellen, die noch mehr auf die »älteren Semester« eingestellt sind.

Dennoch sind auch Polonaisen und »Kußwalzer« auf der Eifeler Kirmes nach wie vor lebendig. Bei letzterem bilden alle Tänzerinnen und Tänzer einen Kreis, in dem dann ein Herr mit einem Kissen rundtanzt. Dieser Herr legt schließlich das Kissen einer Dame zu Füßen, die sich dann zum Kuß »herablassen« muß. Danach tanzt die Dame rund und sucht sich ihren Herrn zum Wechseln. Eine Dame, die dem sie verehrenden Herrn den Kuß verweigert, also einen Korb gibt, durfte früher den ganzen Abend nicht mehr, heute nur noch den nächsten Tanz nicht mehr mittanzen.

Für die Kinder bietet eigentlich nur der Kirmesplatz ein besonderes Vergnügen. Nicht alle Eifeldörfer werden aber von Schaustellern gleichmäßig bedacht. Insofern zieht es Kinder aus kleineren Orten ganz besonders in die nahezu überquellenden Vergnügungsparks der nahegelegenen Kleinstädte, wo es nicht nur Zuckerwatte, türkischen Honig, Lebkuchenherzen und Spielzeug aller Sorten an Krambuden gibt, sondern neben den Karussells auch Riesenräder, Achterbahnen und Selbstfahrer, hier und da auch noch das alte Pferdchenkarussell. Voraussetzung ist natürlich, daß die Kinder »brav waren« und von Bekannten oder Verwandten schon »Kirmesgeld« bekamen, um sich solche Vergnügen leisten zu können. Im allgemeinen ist das heute kein Problem mehr.

Den Kirmesmontag läßt man wieder etwas besinnlicher anlaufen. Man gedenkt »der Verstorbenen der Gemeinde in einem feierlichen Seelenamt, einer Totenmesse; manche Familie besucht dann, begleitet von Verwandten, die Gräber der Angehörigen und besprengt sie mit Weihwasser. In den Dörfern der Südeifel klingt des Nachmittags an diesem Kirmesmontag die Kirmes allmählich ab. In anderen Teilen der Eifel setzt sich die Kirmes des Dienstags fort, je nach Ort und Gegend mit Sonderbräuchen« (Wrede). Zu diesen gehört insbesondere das Hahnenköppen. Es ist vor allem im Monschauer Land, in der Nordeifel und im Ahrtal beliebt. In der Nordeifel ging der Brauch seit Mitte der 50er Jahre immer mehr zurück. Im Monschauer Land, zum Beispiel in Simmerath-Eicherscheid, versucht man ihn jetzt wieder aufleben zu lassen. Im Ahrtal, wo man den Brauch bereits vor 1800 übte, pflegt man ihn teilweise heute noch. So hält vor allem der Junggesellenverein von Westum bei Sinzig daran fest.

»Wenn der Betrieb bei der Biermusik gut angelaufen ist, wird etwa um 11 Uhr mit dem ›Hahneköppe‹ der Junggesellen begonnen. Das Hahneköppe, früher auf der Straße vorgenommen, erfolgt seit 1973 vor dem Festzelt. Hierzu ist von einem Baum zu einem anderen im Abstand von 8 Metern in einer Höhe von 2 Metern eine Leine befestigt. In der Mitte der Leine hängt ein alter Weidenkorb ohne Boden und in dem Korb ein getöteter Hahn. Dieser ist im Korb so befestigt, daß nur der Hals mit dem Kopf aus dem Boden heraushängt.

Die Junggesellen werden nun der Reihe nach aufgerufen und haben jeweils einen Schlag mit dem Degen des Hauptmanns auf den Hals des Hahnes auszuführen. Dabei muß versucht werden, dem Hahn den Kopf abzuschlagen. Damit das Köpfen nicht allzu schnell vonstatten geht und auch etwas Spannung herrscht, werden dem Säbelträger zuerst die Augen verbunden, damit er nichts mehr sieht. Dann wird der Säbel in seine Hand gelegt und aus Sicherheitsgründen ein am Säbel befestigter Lederriemen um das Handgelenk verknotet. Der Schläger wird nun vor den Korb gestellt, und jemand hebt dessen Schlagarm hoch und läßt ihn mit dem Säbel den Hals des Hahnes berühren. Danach wird er zweimal um seine eigene Achse gedreht, ehe er zuschlagen darf. Der Schlag muß schnell kommen, denn die Befestigungsleine ist an einem Baum nur übergelegt, und ein Junggeselle versucht, den Treffer zu vermeiden, indem er den Korb mit dem Hahn an der Leine hochzieht. Etwa beim dritten Durchgang hat es dann doch einer geschafft, den inzwischen mehrmals getroffenen Hahnenkopf abzuschlagen; und mit lauten Bravorufen wird der neue Hahnenkönig des Jahres begrüßt und ihm gratuliert« (Schmalz).

Im weiteren Verlauf des Kirmesdienstags wird dann in Westum noch ein »Bürgerhahnenkönig« ermittelt, damit das ganze Spiel etwas länger dauert.

Spätestens am Mittwochmorgen heißt es wieder Abschied nehmen von der Kirmes. Sie (der Kirmesknochen oder die leere Schnapsflasche) wird vor den Ort getragen, in eine frisch geschaufelte Grube gelegt und „begraben". Das geschieht – in Nachahmung eines echten Begräbnisses – mit entsprechenden

Leidensmienen. Am »Grabe« singt der »Leichenzug«:

»Och leeve Jott, os Kermes ös kapott«
(Wrede).

Wo es noch einen Zacheies gibt, wird dieser zunächst verbrannt und danach seine Asche »begraben«. Mit dem »Begräbnis« der »Kirmesgestalten« ist auch die Kirmes begraben, es sei denn, am Sonntag drauf findet noch eine »Nachkirmes« statt.

Für den, der nach tiefer gehenden Erklärungen für diese Bräuche sucht, sei auf folgende Deutung aufmerksam gemacht: »Je nach Jahreszeit haben sich Frühlingsriten (Kirmesbaum) oder Erntedankriten mit der Kirchweih verbunden. Hierher gehört das sogenannte ›Hahnenschlagen‹ (Hahnenköpfen).

Am Ende der Ernte wird der Wachstumsgeist, der alt geworden und daher »mancherorts auch als alter Mann« (wie unser Kirmesmann oder Zacheies) vorgestellt wird, der deshalb seine dahinsiechende Kraft nicht dem Boden mitteilen soll, eingefangen und getötet. Das geschieht nicht selten unter der Gestalt eines Hahnes, der dann anschließend auch verzehrt wird, um sich die Segenskraft des Wachstumsgeistes anzueignen« (Henrichs).

Einen Kirmesbaum stellen alljährlich noch die Wittlicher »Säubrenner« auf, eine glattgeschälte Fichte, unter deren Krone ein bunt bebänderter Kranz hängt. Dieser Baum ist insbesondere eine Belustigung für die Kinder. Wer Lust und Kraft genug verspürt, darf daran hochklettern!

Es grüßen die Säubrenner / Wittlicher Säubrennerkirmes

So steht's mit rustikalem Charme auf dem Briefumschlag des Verkehrsamtes, in frischem Rot. Der Briefstempel nennt sogar ihr Zuhause: »Wittlich im Liesertal – Stadt der Säubrenner«.

Die Wittlicher sind findige Leute. Früher regte sie der Name Säubrenner keineswegs auf, aber als Lob empfanden sie ihn auch nicht. Nach dem letzten Krieg – in den 50er Jahren – wurde das anders. Heute hat die Bezeichnung einen völlig neuen Klang, den eines Ehrentitels, gar einer Qualitätsmarke. »Die Wittlicher sind im ganzen Land gar rühmlich als die Säubrenner bekannt«, heißt es auf einem lustigen Aufkleber sowie in der Kirmesfestschrift.

Den geschichtlichen Hintergrund liefert uns ein Informationsblatt des Verkehrsamtes Wittlich. Bei dem Namen »Säubrennerkirmes« spielt sowohl die Sage als auch die Geschichte eine Rolle.

»Die Sage erzählt, daß Wittlich einst belagert

war, daß der Feind aber die Stadt nicht einzunehmen vermochte. Da geschah es, daß der Torwächter eines Abends den eisernen Bolzen nicht fand, um das Stadttor zu verriegeln, und kurzerhand eine Rummel, eine Runkelrübe, ins Schloß steckte. Eine Sau, die schnuppernd durch die nächtlichen Straßen zog, kam ans Tor, entdeckte die Rübe und fraß sie auf. Das Tor sprang darob auf, der Feind drang in die Stadt ein und plünderte sie. Nach seinem Abzug trieben die Wittlicher in ihrem gerechten Zorn alle Schweine auf dem Marktplatz zusammen und verbrannten sie lebendigen Leibes.

Soweit die Sage.

Die Geschichte erzählt folgendes: Die Kurtrierische Amtsstadt Wittlich hatte gemeinsam mit dem Nachbardorf Bergweiler eine Schweinetrift. Über den Besitz der einzelnen Tiere kam es zum Streit. Um diese Streitereien zu vermeiden, ordnete der Kurfürst in eigener Person an, daß die Wittlicher ihren

Schweinen, die sie der Herde mitgaben, ein dauerhaftes Zeichen aufbrannten.« Daraus entwickelte sich später ein großartiges Volksfest, das seinesgleichen sucht. Es wurde inzwischen zum duftenden und wohlschmeckenden Brauch, der sich eindrucksvoll in die Reihe anderer Eifeler Kirmesbräuche eingliedert. Die Wittlicher Rochuskirmes seligen Angedenkens – der verehrte Pestheilige ist ja Stadtpatron – erlangte nun als Säubrennerkirmes rasch den Ruf der Einmaligkeit, nicht nur im Mosel- und Eifelraum.

Die Wittlicher, die schon immer reich an Charme und Witz waren, verstehen es aber auch tatsächlich, ihr überaus anziehendes Straßenfest – auf ein Festzelt verzichten sie bewußt – in volksnaher und urwüchsiger Weise zu servieren. Ihr hübscher Marktplatz mit der formen- und farbenprächtigen Fassade des historischen Rathauses, umgeben von der barocken Posthalterei und schmucken Bürgerhäusern, bildet für die große Gaudi der Säubrennerkirmes eine unübertreffliche Kulisse. Die vielen bunten Fahnen und Flaggen, darunter die Spezialflagge der Säubrenner, schaffen eine Atmosphäre, die die Menschen anzieht wie der Honig die Bienen.

Das Ganze entsprang einer genialen Idee des ehemaligen Wittlicher Bürgermeisters M. J. Mehs, der vor wenigen Jahren starb. Die Leute sagen: »Er hat die Säubrennerkirmes gegründet.« M. J. Mehs war ein Heimatforscher und -freund voll sprühender Phantasie und Energie. Das machte ihn zum geistigen Vater dieses einzigartigen Wittlicher Brauchtums. Seine Mitbürger hegen und pflegen es heute, Gäste und Besucher von nah und fern wissen es zu schätzen (H. Meyer).

Seit 1950 feiert man in Wittlich dieses Volksfest mit der weiten Ausstrahlung. Es ist inzwischen das Kirmesereignis der Eifel geworden. Der Erfolg wuchs von Jahr zu Jahr, nicht nur wegen der Zahl der aufgespießten und verspeisten Säue; sie stieg in den 30 Jahren von 3 auf 100. Alljährlich, um die Mitte August (nach Rochustag), strömen die Menschen zu Zehntausenden in die gastfreundliche Kreisstadt mit den 16 000 Einwohnern am besonnteren Südsaum der Eifelberge mit der Atmosphäre des klimatisch milderen Moseltals. Auch an ihren Berghängen gedeiht ein spritziger Wein. Man sollte auf der Säubrennerkirmes unbedingt davon kosten, etwa vom »Bottchen«, vom »Portnersberg« oder vom »Felsentreppchen«.

Die Menschen aus der Eifel, vom Hunsrück, vom Rhein, von der Mosel, ja von der Saar, ganz zu schweigen von den vielen Ausländern (Franzosen, Holländer, Amerikaner usw.), zieht's immer wieder hierhin, nicht nur wegen der »Saubratenausgabe«. Alle wollen hier ein echtes Stückchen Lebensfreude erhaschen. Gerade das Programm der Säubrennerkirmes bietet, mit seiner phantasievollen Ausgestaltung recht festlich »zelebriert«, den eigentlichen Kern des hübschen Brauchs. Ein wenig nehmen sich die Wittlicher dabei auch selbst »auf die Schüpp«. Samstags nachmittags um 3 Uhr gibt's zwei »heilige Handlungen«, wichtig zum Verständnis des Kirmesschauspiels: Das feierliche »Einholen der ersten Säue« gerät in Wittlich natürlich zu einem ansehnlichen Festzug. Dann folgt die »feierliche Eröffnung der Säubrennerkirmes«.

Im Festzug wirken von den Wittlicher Vereinen mit: der Reit- und Fahrverein, ein historischer Feuerwehrtrupp und das Blasorchester Wittlich. Selbstverständlich sind Stadtrat, Röstmeister, Stadtschreiber und Wittlicher Winzerschaft mit dabei. Den Fanfarenzug stellten 1980 die schwarz-gelb uniformierten Gerolsteiner Stadtsoldaten, die wahrlich mitreißende Fanfarenmärsche bliesen und widerhallende Pistolenknälle von sich gaben. Der Zug selbst, der am Haus Mehs in der Bahnhofstraße beginnt, ist aus einiger Entfernung am Grunzen der Schweine zu hören, natürlich über Lautsprecher – und imitiert! Die beiden aufgespießten Säue auf dem girlanden- und wimpelgeschmückten Festwagen des Röstmeisters haben das Grunzen längst aufgegeben.

Der Beifall der Zuschauer steigt an, als der

Zug eintrifft. In der dicht gedrängt stehenden Menschenmenge kommen die nötigen Gassen zustande. Die Reiter ziehen durch, der Röstmeister fährt am Bratenzelt vor und liefert seine begehrte Fracht am Röstspieß ab. Alle Hände haben hier plötzlich vollauf zu tun, ein Schauspiel für sich.

Bürgermeister und Stadtrat betreten das Podium des Pavillons, das dem Rathaus gegenüber aufgebaut ist. Freundliche Begrüßung der vielen Gäste aus dem In- und Ausland. Der Stadtschreiber im barocken Kostüm überreicht das auf Pergament niedergeschriebene Protokoll der Vorjahreskirmes, der Bürgermeister verliest es: »Wir Bürgermeister, Beigeordnete und Räte unserer Stadt tun hiermit kund und zu wissen, daß wir Anno 1979 zum 30sten Male der Sage von dem fürwitzigen und den Feind begünstigenden Schwein gedachten, indem wir erneut – wie schon im Vorjahr 100 (einhundert) seiner Artgenossen auf diesem Platze öffentlich spießbrateten und uns in einer feierfrohen Schar von mehr als 100 000 Gästen munden ließen nebst 450 Pfund Mostrich und 25 000 Brötchen, welche Menge sich als ausreichende Grundlage erwies für einen Gang über die mehr als 300 Meter lange Weinstraße, die den sauduftenden Marktplatz verbindet mit dem weinseligen ›Pariser Platz‹ . . .«

In barockem Deutsch geht's so noch eine Weile weiter, bis die städtische Obrigkeit schließlich gelobt, daß ein gewisser »Rückfall in barbarisches Tun sich nicht wiederholt«, so beglaubigt durch Siegel und Unterschrift von Bürgermeister, Beigeordneten und Stadträten. Tusch und Trommelwirbel, der Bürgermeister erklärt die neue Säubrennerkirmes für eröffnet. Da steigt auch schon der wackere Feuerwehrmann in voller Montur freihändig auf die schräg stehende Leiter, in der Hand den hübschen »Blumengruß« für St. Rochus, den Stadtpatron im barockgeschweiften Rathausgiebel. Beifall des Volkes. Der Feuerwehrmann hält oben inne, drückt, St. Rochus zur Ehr', der Figur in der Nische den Blumenstrauß in den Arm, bindet ihn

fest, hält wieder inne und holt ein richtiges »Sacktuch« aus der Tasche, . . . trocknet St. Rochus damit die »Tränen der Rührung« und läßt ihn darin einmal kräftig schneuzen. Das ist Wittlicher Humor, volkstümlich verpackt.

Danach wieder Fanfarenmarsch, Böller- und Pistolenschüsse. Punkt 3 des Programms hat begonnen: »16.00 Uhr – Erste Saubratenausgabe.«

Die Theken des Bratzeltes sind umlagert. Der Duft steigt in die Nase. Die Metzger, die noch soeben mit versierten Schnitten die Säue zerlegten und kein Gramm Fett zuviel an ihnen ließen, helfen jetzt den freundlichen Frauen beim Verteilen der Portionen. Die Feierlichkeiten steigen nun um vom Gemüt auf den Magen. Schon bald schreibt einer der Ausgabehelfer auf das große Schild am Bratzelt: »Wir braten jetzt die 9. Sau.« So rasch geht das hier . . . drei volle Tage hintereinander.

An den Weinlauben rücken die Menschen gemütlich und genüßlich zusammen. Man läßt es sich und andern gut schmecken. Einige hundert Meter stadtaufwärts erstreckt sich der große Vergnügungspark auf dem Kirmesplatz der 50 Schausteller: mit »Riesenrad«, »Spiel-Hölle«, »Super Jet 2«, »Schloß-Dracula«, Karussells, »Selbstfahrer« und Kindereisenbahn sowie allem an Vergnügen und Süßem, was das Kinderherz erfreut. Ein Betrieb ist das hier, schlimmer als auf dem Kirmesplatz einer Großstadt. Sogar von Kassel kommen Schausteller hierhin.

Drei Tage reichen nicht für dieses große lokale Ereignis des Jahres, das von »Musik der internationalen Spitzenklasse« melodisch und rhythmisch begleitet wird.

Am Sonntag darauf ist »Großes ›Säubrenner‹-Schaufliegen« des »Modellflugvereins Säubrenner e. V. Wittlich«. Wer lieber am Boden bleibt, mag sich derweil beim »Wittlicher ›Säubrenner‹-Tischtennis-Turnier« fithalten oder vergnügen.

Ist die Säubrennerkirmes schließlich wieder für ein Jahr vorbei, bleiben die Wittlicher

Wittlicher Säubrennerkirmes 87

und ihre Besucher zwischendurch ständig durch steinerne Zeichen daran erinnert: Die legendäre »Sau« hat längst ihr verdientes Denkmal, einen hübschen Brunnen vor einer Sparkasse, und die nicht minder verdienten »Säubrenner« haben das ihre auf dem Pariser Platz. So ist das Gleichgewicht zwischen Mensch und Tier in Wittlich wiederhergestellt. Auch der heilige »Ferkestünn« wird sich darüber freuen.

Horch, da kommt der König / Schützenfest

Wenn in der Eifel, ob im Städtchen oder Dorf, im Sommer der Präsentiermarsch – »Horch, da kommt der König!« erklingt, ist mit Sicherheit Schützenfest, wie auch anderswo in rheinischen Landen.

Der alte oder neue Schützenkönig oder Protektor der jeweiligen Bruderschaft schreitet die Front ab, Präsident oder Brudermeister gehen an seiner Seite. Die Offiziere senken zum Präsentieren den Degen. Der Fähnrich neigt die oft schon etwas verblichene Fahne mit dem alten Wahlspruch, der immer noch gilt: »Für Glaube, Sitte und Heimat.«

Alljährlich um Pfingsten, wenn es draußen wieder grünt und blüht, geht die bunte Reihe dieser so beliebten Volksfeste los. Sie hält bis weit in den Sommer hinein an. Das ganze Dorf ist dann auf den Beinen, erwartet einen Festzug, der Herz und Gemüt erhebt, und pilgert zum Schützen- oder Festplatz. Die Häuser der Schützenbrüder sind beflaggt, mit langen grün- oder blauweißen Fahnen, je nach der Farbe der betreffenden Schützenuniformen. Im Festzug sowie bei allen anderen Veranstaltungen des Schützenfestes, das meist drei Tage – von samstags bis einschließlich montags – gefeiert wird, ist der Schützenkönig die herausragende Figur, nicht nur, weil jedes Kind im Dorf schon weiß, daß er zuletzt »den Vogel abgeschossen hat«, sondern auch wegen seiner prachtvoll schimmernden Königskette, die die Blicke der Zuschauer auf sich zieht. Sie allein könnte, genauer betrachtet, schon so manche Geschichte erzählen. Nicht weniger häufig richten sich die Blicke vom Straßenrand auf die schmucke »Königin« an seiner Seite.

Feiert eine Schützenbruderschaft gerade Jubiläumsschützenfest, was bei dem durchweg beachtlichen Alter dieser Vereinigungen nicht eben selten vorkommt, oder »stellt« sie gar den »Bundeskönig«, so ist der Festzug, der durch den Ort zieht, besonders lang und eindrucksvoll durch die Vielzahl der eingeladenen Vereine.

Immer weichen die teilnehmenden Schützenbruderschaften, -gilden oder -gesellschaften in Einzelheiten ihrer Fahnen, Uniformen oder ihres Auftretens voneinander ab, was das Gesamtbild bereichert. Außerdem sind die Zuschauer gespannt zu erfahren, von wo die Vereine herkommen, die heute dem Eifeldorf oder -städtchen die Ehre geben.

Schwungvolle Tambourkorps (Spielmannszüge) und Musikkapellen sorgen emsig mit altpreußischen Märschen dafür, daß es im Festzug etwas Mitreißendes zu hören, Fähndelschwenker dafür, daß es Bewundernswertes zu sehen gibt.

In aller Regel tragen die Schützenbruderschaften die Namen »altbewährter« Heiliger, oft die des örtlichen Kirchenpatrons. Der heilige Sebastian, der im 4. Jahrhundert als römischer Offizier zum Märtyrer wurde und später auch als Pestheiliger hohe Verehrung genoß, gilt als Favorit unter diesen Namenspatronen. Aber auch viele andere Heilige wurden von den Schützenbrüdern gewählt: St. Hubertus, St. Michael, St. Martin und St. Matthias; ja sogar weibliche Heilige kommen

bei den Schützenbrüdern zu diesen Ehren, wie St. Ursula und St. Maria.

Auch die Schützen des Eifeler Burgortes Lissingen haben St. Sebastian zum Patron erkoren. Ihre Fahne zeigt nicht den pfeilgespickten entblößten Körper des Märtyrers, sondern das Bildnis des römischen Offiziers. Ihre Uniform ist ein Rock in apartem Maiengrün, mit schwarzer Hose und schwarzem Hut, grünbebändert und mit Quast. Beim Königsschießen zielen sie nicht mehr auf den Holzvogel auf der Stangenspitze vor einem hochragenden Kugelfang, wie es früher üblich war, sondern auf Scheiben mit 12 Ringen. Es findet bereits an Christi Himmelfahrt statt. So haben sie dann genügend Zeit zur sorgfältigen Vorbereitung auf ihr Schützenfest an den beiden Pfingsttagen. Vor allem gerät das frischgebackene Königspaar nicht in panische Garderobesorgen.

Warum wir hier die Lissinger St.-Sebastianus-Bruderschaft als Beispiel herausstellen, hat mehrere Gründe. Im Jahre 1978 ging aus den Reihen der Lissinger Schützenbrüder der Bundesschützenkönig hervor, und zwar nicht aufgrund einer Wahl, wie man meinen könnte. Im erfolgreichen Wettschießen mit 119 Bezirksschützenkönigen errang er diesen großartigen Erfolg. Damit stellte der »Bezirk Eifel« im »Bund der historischen Deutschen Schützenbruderschaften e. V. Köln« zum erstenmal den Bundesschützenkönig. Ein Jahr lang stand ein Lissinger »Sebastianer« an der Spitze der »Armee« von 130 000 schießgeübten deutschen Schützenbrüdern. Dadurch wurde nicht nur Gerolstein – nach dem humorigen Wort seines Stadtoberhauptes – »in Schützenkreisen durch Lissingen erst berühmt«, sondern auch der ganze Bezirk Eifel. Dieser Erfolg ist sicher kein Zufallsergebnis. Daß die Lissinger ausgerechnet im Jahre 1931 ihre Bruderschaft gründeten, also in einer Zeit weltweiter Wirtschaftskrisen, spricht schon für sich. Aber ihr »Aufstieg« erfolgte erst nach dem letzten Krieg: 1956 bauten sie bereits ihren vollautomatischen Schießstand; der Burgherr stellte kostenlos das Grundstück zur Verfügung. 1965 wurde ein Lissinger Schützenbruder Diözesanschützenkönig. Die katholischen Schützenbruderschaften sind innerhalb ihres »Bundes« nach den kirchlichen Diözesen gegliedert. Die »nichtkirchlichen« Schützengesellschaften sind im »Deutschen Schützenbund« vereint.

Achtmal stellte die St.-Sebastianus-Schützenbruderschaft Lissingen den Bezirkskönig im Bezirk Eifel, je einmal außerdem den Diözesanprinz und den Diözesanschülerprinz. Für den Nachwuchs wird in Lissingen gut gesorgt. Eine zweifellos stolze Erfolgsbilanz einer so verhältnismäßig jungen Schützenbruderschaft im Herzen der Vulkaneifel.

Jahrhundertelang gediehen solche Schützenverbände in der Eifel besonders in ihrem Nordteil oder im Ostteil, dort, wo sie an den Rhein stößt. Immerhin ist die Vereinigung der Schützenbrüder von Polch bei Mayen schon über 700 Jahre alt. Die Rheinbacher Schützen haben eine Tradition von mehr als 650 Jahren, und die Schützenbrüder von Ahrweiler, Zülpich, Euskirchen, Kuchenheim und Nideggen eine solche von über 500 Jahren.

Jede Schützenbruderschaft ist verständlicherweise ein wenig stolz auf ihre spezielle Eigenart oder die Bräuche, die sie von den »Schwester-Bruderschaften« unterscheidet. Für die St.-Sebastianus-Schützenbruderschaft in Nideggen ist das ungewöhnliche Doppelkönigtum von Schützenkönig und Bruderkönig kennzeichnend. Beide Könige tragen als Zeichen ihrer Würde eine mit wertvollen Schildern und Plaketten ausgestattete Königskette. Der Bruderkönig trägt zusätzlich noch eine silberne Krone aus dem Jahr 1847.

Geradezu ergötzlich erscheint ein anderer Brauch der Zülpicher Schützenbrüder: ihr alter »Hutschedanz«. »Die Brüder stellen sich im Kreise auf. Die Musik spielt die Weise: ›Va du häß e Lauch en de Botz, Jong wat jeht dat dich jett an.‹ Die Schützenbrüder präsentieren das Gewehr, gehen dann in Kniehocke, d. h. sie hutschen, und bewegen sich so fort. Es werden dann die Gewehre in

Angriffsstellung gesenkt ähnlich wie beim Bajonettangriff, und die Schützen gehen in zwei Reihen immer hutschend aufeinander los. Eine Reihe rezitiert:

Va (Vater) du häß e Lauch (Loch) en de Botz . . .

Die andere Reihe:

Jong, wat jeht dat dich jett aan« (Wrede).

Die Schützenbrüder verstehen nicht nur etwas vom Vogel- oder Scheibenschießen und vom Feiern, sondern sie versuchen auch, ihrem Titel »Bruderschaft« seit jeher durch ausgeprägten Gemeinschaftsgeist Ehre zu machen. Bei kirchlichen und heimatbezogenen Festen sind sie immer als erkennbare Gruppe aktiv dabei, ob es sich um die Gestaltung der Fronleichnamsprozession handelt oder um sonstige Feste in der Pfarrei. Seit

ihrer Entstehung im 14. Jahrhundert wird ihre Schießfähigkeit nicht immer gleichartig beurteilt. Vom Landesherrn oder der Obrigkeit dazu bevorrechtigt, haben sie die Bevölkerung schon immer im Umgang mit der Waffe geschult. Das war vor der Erfindung des Schießpulvers die Armbrust, seitdem ist es das Gewehr. Es hat Zeiten gegeben, da mußten die Schützenbrüder auch als Beschützer von Mensch, Hab und Gut in die Bresche springen. Ein anschauliches Beispiel bieten dafür im Eifelraum die Neuerburger Schützen, die vertragsgemäß um 1550 den Schutz des damaligen Marktes innerhalb und außerhalb der Stadt übernommen hatten. Daß solcher »Heimatschutz« einer Besatzungsmacht nicht immer genehm war, zeigt das Beispiel Napoleons, unter dessen Herrschaft die Schützenbruderschaften verboten waren.

An Gottes Segen ist alles gelegen / Krautwischtag

Am 15. August feiert die Kirche das höchste Marienfest des Jahres, »Mariä Himmelfahrt«. Bereits seit dem 10. Jahrhundert verbindet sie mit der Liturgie dieses Tages die Kräuterweihe, erteilt sie den Kräutersegen. In der Eifel weiß jedes Schulkind: dann ist »Krautwischtag«. »Dann jitt (wird) en d'r Kirch' d'r Krockwösch (Krautwisch) jesäänt« (Mitteleifel).
Der Krautwisch ist ein Bündel von Heil- und Nutzpflanzen, hier und da auch ein weniger dicker Strauß. Die einzelnen Heilkräuter und Pflanzen (in der Mitteleifel die Getreidesorten Korn, Weizen, Hafer und Gerste) aufzuspüren und zu pflücken ist meist Aufgabe der Kinder. Stolz bringen sie ihren Kräuterstrauß mit in die Kirche, die vom Duft der vielen Kräuter aus Gottes Garten erfüllt ist. In Dahlem (Kronenburger Land) benötigte man früher schon ein großes Bündel solcher

Krautwischkräuter, »denn in jedes Bett kam unter den Strohsack ein aus Kräutern gebundenes Kreuz. Es sollte ›feindliche Anfechtungen‹ im Schlaf vertreiben« (Guthausen).
Die Zusammensetzung der Kräuter war schon immer je nach der Landschaft recht unterschiedlich. Das hing mit den unterschiedlichen Wachstumsbedingungen zusammen. Ebenso verschieden war die Gesamtzahl der im Kräuterstrauß versammelten Kräuter und Nutzpflanzen. In Dahlem zählten vor allem »Rainfarn und Gemeiner Beifuß« (Guthausen) dazu. In Niederbettingen (mittleres Kylltal) tritt heute noch neben den Rainfarn die Schafgarbe. Anderswo darf die »Königskerze als Marienpflanze« (Henrichs) nicht fehlen. »Im Kreis Schleiden (heute Kreis Euskirchen) werden für den Krautwisch ›Böndeknöpp‹ (Wiesenknopf), ›Bettstrüh‹ (Frauenflachs), ›Wermöt‹ (Wermut),

94   Krautwisch am Stubenkreuz

›Dreirackelspife‹ (Rackelspfeife), ›wölle Höt‹ (Osterluzei), ›Biebes‹ (Beifuß), ›Bletzkrock‹ oder ›Donnerkrock‹ (Johanniskraut), ›Kaertzje‹ (Kerzchen) gepflückt« (Wrede).

Die Zahl der Kräuter schwankt im Krautwisch beträchtlich. Der eine Autor nennt 7, 9 oder 12 (Wrede). Ein anderer spricht von 9 Kräutern und bezieht sich auf den »Neunkräutersegen«, erwähnt aber auch »Kräutersträuße bis zu 72 verschiedenen Kräutern« (Henrichs). Eine dritte Meinung bringt es sogar bis auf 99 verschiedene Kräuter im Krautwisch (Lentz).

Wenn im Kräuterbündel des »Sommers ganze Nähr- und Heilkraft« (H. Meyer) verkörpert ist, sind die großen Zahlen sicher nicht ganz auszuschließen, obwohl nur wenig gebräuchlich.

Immer noch stellt man in der Eifel den Krautwisch sorgsam zusammen und bringt ihn zur Kräuterweihe in die Kirche. Der alte Brauch erfährt so weiter eine liebevolle Pflege, obwohl den Menschen unserer Tage nicht mehr so viele Verwendungsmöglichkeiten für den geweihten Krautwisch vor Augen stehen wie früheren Generationen. Bei Blitz und Donner ein Zweiglein in den Feuerungskessel der Zentralheizung zu schmeißen, wie man früher eines in den Herd warf, erscheint doch recht fragwürdig.

Nach alter Überlieferung gelten die geweihten Kräuter und Nutzpflanzen als »Heiltum gegen Krankheiten und Unwetter« (Henrichs), und zwar für »Mensch und Vieh«

(Klersch). Man legte früher beim Neubau Zweiglein unter die Schwelle von Haus und Stall, verbrannte andere bei Gewitter im Herd, mischte geweihte Körner aus den Ähren des Straußes unter das Saatgut und gab den Haustieren Teile des Krautwischs ins Futter. Ja sogar den Arzneien setzte man davon zu, um ihre heilende Wirkung zu verstärken.

In der Stube schmückte man das Kruzifix »außer durch Blumen besonders mit Kräutern aus dem geweihten Strauß« (Wrede).

Schließlich bedachte man sogar die Toten mit einem »Kreuz aus Krautwisch«, wie in Dahlem (Guthausen) oder einem ganzen »Krautwisch, Kreuz oder Rosenkranz«, wie in Lissingen (Krämer). Man legte sie mit in den Sarg.

Der Krautwisch ähnelt in seiner Segenswirkung sicher dem am Sonntag vor Ostern geweihten Palm. Dennoch enthält er, im Gegensatz zu diesem, auch natürliche Nähr- und Heilkraft. Man könnte ihn also leicht mit einem Symbol des Erntedanks verwechseln; doch dazu fehlen ihm etliche Früchte.

Seine Bedeutung als übernatürliches Segenszeichen im Gewande natürlicher Heilkräuter und Nutzpflanzen ist wohl kaum an zivilisatorische Errungenschaften und Zeitströmungen gebunden. Gerade in diesem schönen Brauch dokumentiert der Mensch seine Verbundenheit mit der Natur und ihrem Schöpfer, an dessen Segen alles gelegen ist.

Ein würziger Duft überzieht das Land / Heuernte

Der »Pittischdaach«, also Peter und Paul, der 29. Juni, an dem die Heuernte sonst auf vollen Touren läuft, ist längst vorbei. Der Kalender zeigt bereits den 24. Juli; im Eifeldorf feiert man den Namenstag »Christin«. In etwas mehr als sechs Wochen wird bereits

wieder der Grummet fällig, der kurze Zweitschnitt im Spätsommer.

Es geht an diesem frühen Abend im Dorf und auf den Wiesen laut zu. Trecker geben den Ton an. Dieses Jahr muß alles schneller gehen. Der Heumonat brachte wochenlangen

Regen, aber nun scheint endlich wieder die Sonne.

Weil die Jahreszeit schon so weit vorgerückt ist und man dem Wetter nicht ganz traut, ist auf den Bauernhöfen jede verfügbare Kraft vonnöten, trotz der modernen Maschinen. Bauer Thomas hat sämtliche jungverheirateten Töchter samt Schwiegersöhnen zusammengetrommelt, damit es vorangeht. Selbst »Tant' Liß«, die schon längst nicht mehr die jüngste ist, schnappt sich den alten Holzrechen, um ihrem Bäbchen zu helfen, das Heu zu wenden.

Hier und dort sitzt vor der Haustür schon ein Klübchen auf der Bank im Vorgarten. Sie haben »et Heu schon dren«. Doch noch sieht man Trecker mit aufgeblendetem Scheinwerferlicht bis nach 10 Uhr abends ihre Arbeitsrunden drehen. Die Zeit drängt, erst recht, wenn der Bauer tagsüber noch anderswo schaffen geht. Die Abhängigkeit seiner Ernte von der Natur zeigt sich in diesen Wochen wieder einmal in aller Deutlichkeit. »Zu keiner anderen Zeit des Jahres ist des Landmanns Arbeit in der Abhängigkeit von Sonne und Wetter so von der ständigen Sorge gehetzt und droht ihn seine bäuerliche Ruhe mitunter schier zu verlassen als bei der Heuernte. Die Natur hat es eben gefügt, daß die Ernte des Winterfutters für das Vieh zeitlich vor der Ernte des Getreides steht, aus dem man das Brot für den Menschen bäckt. So wird dieser alljährlich mit Nachdruck aufs neue gewahr, wie auch er, der Mensch, für seine treuen, unersetzlichen Haus- und Arbeitsgenossen, die Tiere, schwitzen muß« (Hay).

Vor der Flurbereinigung lag so manche »Wiss« ziemlich weit vom Schuß. Also verbrauchte schon der lange Anmarschweg viel Kraft. Oft ging schon um ½3 Uhr nachts, spätestens gegen 5 Uhr in der Frühe, das Mähen mit der Sense los. Wenn das Gras noch feucht war, ließ es sich ja leichter schneiden. Meist mähte man zu mehreren Männern, häufig genug aber auch allein auf weiter Flur. Um ½7 Uhr kam der Kaffee. Hatte die Sonne die frische »Mahd« leicht angetrocknet, war die Zeit des »Zeddens« gekommen. Mit langen Zweizackgabeln streute man das gemähte Gras gleichmäßig auseinander, damit es Heu werde. Das war vielfach Frauenarbeit. Am andern Tag folgte dem »Zedden« das »Wenden«. Dies geschah mit dem breiten hölzernen Rechen, dessen ebenfalls hölzerne Zahnreihen schräg stehen. Als nächster Arbeitsgang schloß sich das »Geringermachen« (in Reihen zusammenlegen) an. Danach erfolgte das »Hoppen« (auf kleine Haufen setzen). Das Hoppen-Setzen erforderte ein geschicktes Zusammenschlagen des leicht getrockneten Heus mit dem Rechen. An den Hoppen mußte gegebenenfalls der Regen gut ablaufen. Am Tag nach dem »Hoppen-Setzen« wurden gegen 10 Uhr morgens, wenn die Sonne richtig durchgekommen war, die »Hoppen« wieder mit der Gabel auseinandergezogen, und danach ging die Prozedur des »Wendens« – oft zweimal oder dreimal – und wieder »Geringermachens« – diesmal in größeren Streifen – von vorne los. Erst dann wurde der Heuwagen geholt. Sein markantes Kennzeichen war eine vorne aufrecht gestellte Leiter, die nach oben schmäler wurde. Mehrere Kühe – auch auf tragende konnte man dabei kaum verzichten – dienten als Zugtiere.

Während des Heuladens lag der sogenannte Wiesbaum (Verbundstange zum Befestigen der Ladung) noch am Boden. Er kam an die Reihe, wenn das Heu auf dem Wagen war. Dieses Heuwagenbeladen war eine Kunst für sich, erst recht, wenn der Wagen auf einer abschüssigen Wiese am Berg stand. Die spätere holperige Wegstrecke zu Tal mußte bei der Gewichtsverteilung schon von vornherein mit einkalkuliert werden. Das geschah durch gleichmäßige und wechselseitige Stapelung der von unten angereichten »Heuärbel« (Gabelmengen). Der Anreichende mußte nicht nur über viel Ärmelschmalz verfügen, sondern auch so vorsichtig zu Werk gehen, daß er mit seiner spitzzackigen Ladegabel den Mann oder die Frau auf dem Heuwagen nicht verletzte.

War schließlich der Wagen voll geladen und die Ladung hoch genug gestapelt, zog man den Wiesbaum der Länge nach darüber und zwischen zwei Sprossen durch die Halteleiter am vorderen Wagenteil. Hinten wurde er mit einem Seil oder dicken Draht festgerödelt. Dadurch bekam die Wagenladung den nötigen Halt.

Ein schief geladener Wagen verursachte nicht selten erhebliche Mehrarbeit, manchmal auch eine regelrechte Gaudi nach dem Motto: »Wer den Schaden hat, braucht für den Spott nicht zu sorgen.« Er kippte dann schlichtweg unterwegs um. Doppelt peinlich, wenn dies ausgerechnet an einem Bahnübergang passierte und die Bahnstrecke für einige Zeit blockiert wurde.

Im Kronenburger Land titulierte man denjenigen, dem der Heuwagen umgekippt war, »Bürgermeister«. Zu diesem ungeliebten »Amt« drängte sich natürlich keiner. Lacher und Spötter hatte er dann genug gegen sich. Damit solche »Kür« tunlichst vermieden wurde, ging häufig ein kleines, aber hinreichend starkes »Begleitkommando« mit schräg nach oben in die Wagenladung gesteckten Heugabeln neben dem fahrenden Wagen her – oft mehrere Kilometer weit. Es hatte so die Ladung an ihrer gefährdeten Seite zu stützen.

Ein sehr schöner Brauch verband sich mit der Heimkehr des letzten Wagens. Im Gerolsteiner Land schmückte ihn der Bauer mit »Grüns« oder einem Strauß frischer Feldblumen, den er an der Spitze der Halteleiter festband. Es war ein Zeichen der Freude und Genugtuung und der Dankbarkeit für den Erntesegen und den guten Abschluß. Danach gab's dann daheim »immer wat Extras«. Das war redlich verdient angesichts der schweren Arbeit.

Während der früheren Heuernte hatte der Eifelbauer kaum Hände genug. Alle Erwachsenen mußten draußen mit anpacken. Man nahm daher die Kleinkinder mit ins Heu und stellte sie am Rande der Wiese ab. In Kronenburg legte man ihnen zur Beruhigung eine offene leere Schnapsflasche in den Korb. Man wußte sich eben zu helfen.

Per Handschlag / Viehmarkt – Gesindemarkt

»Wat häss dou für ne Preis de Morje drop, schwätz ens annerschtes!« Ein ungeduldiger Käufer will zur Sache kommen.

Es ist gegen 9 Uhr morgens. Seit gestern hat der lange Regen Pause gemacht. Allmählich kommt der Schweinemarkt, auf dem die Konkurrenz heute besonders groß ist, in Gang. Hier und da wechseln schon kleinere Vierbeiner für 95 DM das Stück ihre Unterkunft, vom kleinen Anhänger hinterm Traktor oder Auto in den größeren Viehwagen oder umgekehrt. Die Träger packen die Tiere am Hinterbein und Ohr oder fest unterm Bauch. Das Quieken hört man über den ganzen Lindenplatz, auf dem das Marktgeschehen abrollt. So ist das hier jeden ersten und dritten Donnerstag im Monat. Spätestens mittags ist alles gelaufen.

Bis dahin kommen immer noch einzelne Marktteilnehmer angefahren. Die Nummernschilder ihrer Wagen zeigen ihre Herkunft an. Sie stammen aus fast allen Teilen der Eifel.

Ein Händler oder auch Erzeuger, beide können hier Anbieter und Nachfrager sein, hat in seiner großen Gitterkiste auch schwarzgefleckte Borstentiere, sogenannte bunte. Mit Augenzwinkern erklärt er die Farbursache: Man jage die Muttertiere einfach in den Wald zu den Wildschweinen!

An einem anderen Wagen stellt eine Bauersfrau mit Kennermiene fest: »Schien Diere!«

Etwas abseits steht ein Wagen mit größeren Sauen. Behaglich ausgestreckt scheinen sie zu schlafen. Im verhornten oberen Teil der Schnauze tragen sie Drahtringe, damit sie daheim die Wiese nicht aufwühlen. Eine Bäuerin hat Mühe, den Lattenverschluß ihrer Schweinekiste hinterm Traktor wieder zuzukriegen. Die schreienden Jungtiere wehren sich energisch gegen ihre Gefangenschaft. Touristeneltern mit Kindern sieht man auch, darunter fotografierende oder gar filmende Väter. Dieser Markt stellt wirklich eine Attraktion dar. Auf dem Schweinemarkt wird der Kaufvertrag immer noch nach altem Handelsbrauch per Handschlag besiegelt. Vorsicht also mit dem Handgeben!

Am anderen Ende des Eifeler Marktortes findet zur selben Zeit der Großviehmarkt statt. Hier feilscht man unter schattenspendenden Kastanien um die Preise für Jungochsen und Bullen, Kühe I. und II. Qualität, Rinder, tragende Rinder und Kälber. In einer Ecke werden auch schlanke Pferde gehandelt. Schafe, wie sie auf den osteifeler Märkten in Mayen angeboten werden, sind hier nicht gefragt.

Das Vieh, um das sich das ganze Gebaren dreht, steht reihenweise angebunden an Rohrgattern. Die Gerüche sind auf dem Großviehmarkt anders als auf dem Schweinemarkt. Anbieter und Nachfrager treten auch vermehrt in Grüppchen auf. Es geht um höhere Beträge. Man braucht nicht lange hinzuschauen, um den berühmten Handschlag zu beobachten. Der eine streckt seine Rechte aus, und der andere haut klatschend hinein, gibt den »Zuschlag«. Mancher erfolgreiche Handel wird im Wirtshaus an der Ecke noch gebührend begossen. Dort findet auch die Erbsensuppe mit Würstchen reißenden Absatz.

Rings um den Platz parken die großen Viehtransporter. Knapp 100 Meter stadteinwärts bieten die Kramhändler ihr bunt gemischtes Sortiment an. Ihre Buden und Stände, in einer Länge von über 500 Metern aufgestellt, sind vom Viehmarkt sorgsam abgeschirmt.

Schmucke neue Giebelhäuser umrahmen nach Osten den neuen brunnengeschmückten Marktplatz. Die Leute aus dem näheren Umland drängen sich, als gebe es in der übrigen Zeit keine Geschäfte am Ort, als müßten sie heute unbedingt ihren aufgestauten Bedarf decken. Gewiß, die reizvoll sortierten Auslagen so dicht Stand an Stand unter freiem Himmel feilgeboten, vermitteln ursprüngliche Kaufatmosphäre und verlocken nicht nur zum Schauen, sondern wecken auch Kauflust. Die Händler wissen dies sehr genau. Nicht umsonst kommen sie von weiter in die Zentraleifel.

Von Studentenblumen, Gemüsepflänzchen, Lebkuchenherzen, T-Shirts, Jeanshosen, Cord-Blousons, Kleiderstoffen, Schuhen, Arbeitskleidung und Gardinen bis zu italienischen Kirschen ist hier alles zu haben. Selbst Stahl- und Kurzwaren für den häuslichen Bedarf fehlen nicht. Einen Clou besonderer Art bildet der lange Tee- und Gewürzstand in der Burgstraße. Viele Sorten Kräutertee verströmen ihre Wohlgerüche. »Französisch-italienisch-griechische Gewürze« vertragen sich prächtig mit solchen »für die chinesisch-indonesische Küche«. Man kann beobachten, wie die Feinschmecker diesen Duft der weiten Welt genüßlich schnuppern. Der lange Stand – seine Besitzerin hat ihr Zuhause im Westerwald – vertritt heute für einen halben Tag lang hier in der Eifel klassische Mittelmeerländer und solche des Fernen Ostens.

Der Bratgeruch vom Würstchenwagen an der Ecke des Marktplatzes und der Waffelstand eingangs der Graf-Mirbach-Straße ziehen die Menschen an wie das Marmeladenglas die Wespen.

Das mittelalterlich anmutende Städtchen in der nördlichen Vulkaneifel strotzt heute wieder von Vitalität. Von dem romantischen Gemäuer der alten, zinnenbewehrten Stadtmauer aus dem 13. Jh. geht ein besonderes Fluidum aus. Mit der vierkantigen, geschweiften und laternenbekrönten Haube des Kirchturms bildet sie das Wahrzeichen des

bekannten Eifeler Marktortes Hillesheim. Marktgeschehen ist in Hillesheim schon um das Jahr 1555 nachweisbar. Seine besondere Bedeutung für die Eifel erlangte es im 19. und 20. Jahrhundert. Heute findet hier zweimal im Monat der größte Viehmarkt unter freiem Himmel in ganz Westdeutschland statt, jeden Dienstag außerdem noch ein Kälbermarkt.

Besonderer Anziehungspunkt des Marktgeschehens war schon früher für die ganze Familie der Krammarkt. Franziska Bram hat das in ihrem zeitgenössischen Bericht anschaulich geschildert: »Im Mittelpunkt des Ortes (Hillesheim), zwischen den stattlichen Häusern der Wohlhabenden, tat sich der Krammarkt auf. Die schnell aufgeschlagenen Buden für allerhand ländliches Gerät, für irdenes Geschirr und Haushaltungsgegenstände und die Spiel- und Zuckerwarenbuden, die für die Kinder die besondere Anziehungskraft hatten, bis dann zuletzt auch die Marktbesucher für die Daheimgebliebenen etwas kauften, rosa und grüne Zuckerflöckchen für die Kinder, billiges Spielzeug ...

Die jungen Burschen mußten natürlich auch für ihre Mädchen Lebkuchenherzen kaufen, mit schönen Inschriften oder gar sinnigen poetischen Erzeugnissen einer wildgewordenen Zuckerbäckerphantasie. Es roch da nach allerhand Gutem, nach Honig und Gewürzen, und der ganze Rand der Bude klebte. Weiter dehnten sich an besonderen Markttagen auch die Tuchbuden mit billigen Resten und viel Feilschen und Handeln. Es war doch der Hauptgenuß beim Kaufen, dieses Hinunterdrücken der vorher hinaufgeschraubten Preise, das Bewußtsein, ein paar Groschen gespart zu haben ...

In den Gasthäusern war es um die Mittagszeit beinahe so voll wie auf dem Markt droben. Die Männer mußten sich alle wenigstens einmal dort gezeigt haben, wenn es auch nur war, um ein Dreipfennigsschnäpschen zu trinken ... Dieweil saßen oben am Straßenrain längs des Marktes die Frauen, die ihres Viehes bereits ledig geworden waren, aßen von dem Mitgebrachten und tranken dazu dünnen Kaffee, den man hier und da bekommen konnte.«

Franziska Bram berichtet auch von einem Marktwirtshaus mit sieben Brüdern und verstimmten Instrumenten: »Da klang die ›schöne blaue Donau‹, ›Eins, Zwei, Drei, Schott, Schott, Schott‹ und natürlich: ›Herr Schmitt, Herr Schmitt, was bringt das Mädel mit?‹ Die jungen Burschen führten ihre Mädchen hin; wer noch keinen Schatz hatte, konnte bei der geselligen Fröhlichkeit und Zutraulichkeit leicht zu einem kommen, und alle Dienstmädchen in den soliden Häusern, bei Notars, Amtsrichters und Kontrolleurs wurden am Nachmittag unruhig, wenn oben die ›Musik‹ ihre verführerischen Töne hinunterschickte ...

Spät am Nachmittag sah man bereits schwankende Gestalten, und beim Abfahren der Wagenburg konnte es einem manchmal angst und bange werden. Mit Hüh und Hott ging dann die wilde Jagd los, der Kutscher hatte auch bereits einen roten Kopf, und es war den Eingesessenen nicht zu raten, um diese Zeit einen betrachtenden Spaziergang auf den Landstraßen zu machen. Aber vergnügt war alles.«

Nicht alle Märkte haben ein so ehrwürdiges Alter wie der große Lukasmarkt in Mayen. Alljährlich findet er eine ganze Woche lang im Oktober statt, seit über 575 Jahren.

Ein weniger heiteres Kapitel waren früher die Eifeler Gesindemärkte, auf denen Knechte und Mägde für ein neues Arbeitsjahr gedungen wurden. »Auf solchen Märkten standen Knechte und Mägde unter freiem Himmel, ließen sich wie Marktware in Augenschein nehmen und je nachdem auf ein Jahr dingen« (Wrede). Auch wenn »auf solchen Gesindemärkten ... für allerlei Kurzweil gesorgt (war) ... Gesindemarkt war dann auch Vergnügungsmarkt« (Wrede), ihrem Verschwinden braucht man heute keine Träne nachzuweinen, weder in Neuerburg, Prüm, Bitburg noch Wittlich, wo man ihn auch »Menschen-Markt« nannte (H. Meyer).

Die Sau ist tot / Schlachtfest

Kurzes Hupen, eine Autotür schlägt zu, danach klingelt es. Die Hausfrau in ihrer Kochküche weiß genau: Das ist der Metzger. Sie hat schon auf ihn gewartet. Zweimal die Woche kommt er spätnachmittags aus dem größeren Nachbarort ins kleine Eifeldorf. Die bestellte Ware bringt er ins Haus. Nach einem kurzen Schwätzchen übers Wetter legt er die Ware auf den Tisch, nimmt das Geld und den neuen Bestellzettel, grüßt: »Bis nächste Woche!« und weiter geht's!

Das wäre noch Jahre nach dem letzten Krieg auf dem Eifeldorf kaum denkbar gewesen. Fast in jedem Haus hielt man Vieh, zog das Jahr über mehrere Schweine, schlachtete gegen Weihnachten oder Fastnacht selbst. In der Zwischenzeit ging man ans Eingemachte oder in den Rauchfang, wo die Schinken und Speckseiten hingen. Alle Hausbewohner waren mit dem Vieh befaßt und vertraut. Den Stall ausmisten war nichts besonderes. Die Kinder wuchsen damit auf. Heute ist das vielfach anders. Die Bauern auf dem Eifeldorf werden weniger, Viehhaltung und Hausschlachtungen demnach auch. Entweder kommt der Metzger wöchentlich ins Haus, oder man fährt am Wochenende hin und kauft in seinem Laden ein, oder gar im Supermarkt der nächsten Kleinstadt, wo man sich auch mit Gefrierkost und -fleisch eindeckt.

Das typische Eifeler Schlachtfest wird mehr und mehr zur liebevollen Erinnerung an unbequemere, wenn auch in vieler Hinsicht gemütvollere Zeiten. Adam Wrede beschreibt es noch 1960 so: »Nach der Schlachtung feierte man mit Nachbarn, die geholfen hatten, ›d fett Tripp‹ (Westeifel), das Wurstessen, die Wurstkirmes. ›Op de fett Tripp gerofen gen‹, zum Wurstessen gerufen werden (Prüm, Malmedy), ›op de Wueschzuppjon‹, zum Wurstessen gehen (Nordeifel) war alter Brauch, eine selbstverständliche Aufmerksamkeit. Bei diesem Schlachtfest wurde

gern Pannas, wörtlich Pfannenhase, eine Art graue Sülze zubereitet. Der Pannas wurde aus Wurstbrühe mit Fleisch- und Speckstückchen, Fett, unter Zusatz von Buchweizenmehl durch ständiges Rühren steif gekocht; die Masse ließ man erkalten, stülpte sie auf einen Teller, schnitt sie in Scheiben und röstete diese in der Pfanne. Würste oder Fleischstücke wurden als Proben, Wurst als Korwoosch, Wurst zum koren (Zum Probieren; Nord-, Westeifel), den Freunden ins Haus geschickt.«

Wenn das Wurstmachen auch die Hauptarbeit war, das eigentliche Schlachten und anschließende Zerlegen des getöteten Schweines entbehrte nicht einer spannenden Dramatik. Wie dies um die Jahrhundertwende zuging, schildert uns sehr anschaulich Eduard Klippel in den nachgelassenen Papieren Hubert Meyers: »Zu Beginn der kalten Jahreszeit begann in den Eifeldörfern das Schweineschlachten. Das war ein kleines Familienfest, das alle froh herbeisehnten. An den 2 Schlachttagen gab es das beste Essen des ganzen Jahres. Alle Familienmitglieder hatten ein Recht auf dieses Fest, denn alle hatten ihren Teil dazu beigetragen, daß das Borstenvieh über 2 Zentner schwer wurde. Großvater und Großmutter waren beim Kochen des ›Söusfrässe‹ (Saufressen) tätig gewesen. Das Stallreinigen und Füttern war die Arbeit für Vater und Mutter. Die Kinder wurden eingesetzt zum Sammeln von Knollenblättern, zum Auslesen und Waschen der Kartoffeln und dergleichen.

Nun war der große Tag gekommen. Alles wartete gespannt auf den ›Meester‹. Das war kein ausgelernter Metzger, sondern irgendein Bauer, der sich die nötigen Schlachtkenntnisse angeeignet hatte. Als Handwerkszeug trug er ein langschäftiges Beil mit einem an das ›Auge‹ angeschweißten 2 Zoll langen Eisenstift, 2 lange Messer, einen Wetzstahl und eine Wurstmaschine.«

Mit dieser knappen, notwendigen, aber auch hinreichenden Ausrüstung ging der »Meester« dann ans Werk. Nicht alle Arbeitsgänge schaffte er allein, zumindest nicht solange die Sau noch nicht tot war. Mit ihrem beachtlichen Eigengewicht und dem instinktiven Riecher für das ihr zugemessene Schicksal konnte sie sich gelegentlich auch recht störrisch zeigen. Vor Überraschungen, die eine tierische Natur dem das Tier beherrschenden Menschen plötzlich bereiten kann, war auch der routinierte »Meester« nie ganz sicher. Darum erschien immer eine gewisse Umsicht und Vorsicht geboten.

»Einige Männer halfen ihm, das am linken Hinterbein gefesselte Tier auf den Hof zu führen. Dort hatte der Bauer eine Strohschütte ausgebreitet. Das Tier wurde auf die Strohschütte geführt. Der Schlächter versetzte ihm einen kräftigen Beilschlag vor den Kopf, wobei der Eisenstift in die Stirne eindrang. Bewußtlos fiel das Schwein um, und der Schlächter stieß ihm ein langes Messer ins Herz. Das auslaufende Blut wurde in einer Pfanne aufgefangen und unter ständigem Rühren in einem Eimer gesammelt. War das Tier ausgeblutet, so steckte man die Strohschütte in Brand und achtete darauf, daß alle Körperteile gleichmäßig geflämmt wurden. Erst jetzt durften die Kinder, falls sie nicht in der Schule waren, kommen und zusehen. Nach dem Flämmen wurde der Tierkörper mit warmem Wasser übergossen und mit einem besonderen Messer sauber geschabt. Er leuchtete dann in allen Regenbogenfarben. Als nächste Arbeit kam das Zerlegen. Zuerst wurden die Füße abgeschnitten und in einen Eimer mit Wasser gelegt. Darauf wälzte man das Schwein auf sauberes Stroh und setzte es bäuchlings auf die Beinstümpfe. Nach dem Entfernen der Ohren und Augen wurde der Kopf abgeschnitten und zerteilt. Nun führte der ›Meester‹ einen langen, tiefen Schnitt vom Hals bis zum Schwanz. Mit 2 Handtüchern hielten 2 Personen den Schnitt soweit offen, daß der Schlächter mit dem Beil die Rippen vom Rückgrat abschlagen konnte.

Rückgrat und Schwanz, ›dr ärm Jesell‹, wurden herausgezogen und das Schwein breit auseinandergelegt. Dann entfernte der Schlächter die Eingeweide, trennte den Magen, den ›Puttes‹, vom Darm, legte Herz, Lunge und Leber in ein Gefäß und schnitt die Rippen aus. Die letzte Arbeit war das Absetzen der Schinken und das Halbieren der Speckseiten. In einem besonderen, kühlen Raume wurden Schinken, Speckseiten und Rückgrat auf einen Tisch gelegt und das Darmfett, die ›Lünte‹, zwischen 2 Stühlen aufgehängt.

Nach dem Mittagsmahl empfahl sich der ›Meester‹ bis zum andern Tage, nachdem er noch Anweisungen über die zu besorgenden Gewürze gegeben hatte. Am Nachmittag wurde der Darm in Wurstlängen zerstückelt und am Bach gründlich gereinigt. Häufig reichten die Stücke nicht aus. Dann mußten noch ›Därm‹ gekauft werden.

Der zweite Tag, auch Wursttag genannt, war mit dem Herstellen der Wurstmasse und dem Einfüllen ausgefüllt. Die Lünte wurde gerollt und mit Schinken, Speckseiten und Rückgrat in einer Holzbütte eingepökelt. Die gekochten Würste hinterließen eine fettige Wurstbrühe, die in verdünntem Zustande eine leckere Suppe abgab. Auch die Nachbarn wurden nicht vergessen. Sie erhielten Wurstbrühe und ›Pann-Has‹, ein Pfannengericht aus Blut, Mehl und Speckscheiben« (Klippel).

Genüßliche Wohlgerüche erinnerten noch wochenlang an frohe Schlachttage. »In den Rauchfängen der kleinen Häuser wurden auf quergezogenen Eichenhölzern die Fleischwaren zum Räuchern, meist mit Wacholderhekken, aufgehängt« (Krämer).

Die Eifeler Hausschlachtung war mehr als ein rein handwerklicher Vorgang in dem Hause, wo man das Tier schlachtete. Sie wurde immer wieder ein jährlich ein- oder mehrmaliges Ereignis, ein regelrecht als Höhepunkt erlebtes Schlachtfest, auf das sich nicht nur die Familie freute. Schon daher hatte es nicht nur eine haus- und erwerbswirtschaftliche Seite, sondern förderte und verstärkte

auch zwischenmenschliche Beziehungen auf dem Eifeldorf. Es war sogar, wie wir heute sagen, sozial, wenn auch im kleineren Maßstab der Dorfgemeinschaft.

Dieser Wesenszug des Eifeler Schlachtfestes entsprang nicht in erster Linie der berechnenden Gesinnung eines Verhaltens nach dem Sprichwort »Eine Hand wäscht die andere« oder »Wie du mir, so ich dir«, sondern man empfand das Teilhabenlassen anderer als gerecht und nahezu selbstverständlich, gleichfalls als eine in althergebrachter Sitte verankerte höhere Ordnung. So wird auch verständlich, daß selbst obrigkeitliche Gewalt ihre liebe Not hatte, wenn sie mit Verboten irgendwas, was mit diesem Brauch zusammenhing, reglementieren und darin eingreifen wollte.

Klippel schreibt dazu: »Wenn der Eifelbauer auch arm war, so hielt er es doch für seine Pflicht, die Armen, Alten und Kranken durch eine Wurst zu erfreuen. Wir modernen Menschen sind leicht geneigt, diese umständliche Schlachterei der Eifelbauern als rückständig zu belächeln. Aber für diese einfachen, mit der Natur verbundenen Leute war das Schweineschlachten nicht nur Töten des Tieres aus ernährungstechnischen Gründen, sondern darüber hinaus ein Festhalten an Althergebrachtem. Selbst als die Polizei das Flämmen der Schweine streng verbot wegen der Brandgefahr für die Strohdächer, wurde es trotz der drohenden Strafen noch viele Jahre heimlich fortgesetzt.«

Gewiß sind auch die Hausschlachtung und damit die Zahl der Schlachtfeste auf dem Eifeldorf mit dem Rückgang der Landwirtschaft beträchtlich weniger geworden. Auch betreiben viele Eifelbauern den landwirtschaftlichen Betrieb nur noch als Nebenerwerb. Aussiedlerhöfe prägen mehr als früher das Landschaftsbild der Eifel, und nicht mehr das des Dorfes. Aber trotz all dieser neuen Erscheinungen und Umstände finden in der Eifel weiter Hausschlachtungen statt, und zwar ohne wesentliche Änderungen, abgesehen von der neuzeitlichen Art der Konservierung in Dosen und Tiefkühltruhen. Verwandte und Nachbarn kriegen immer noch »ihren Teil« ab. Und will der Eifelbauer auch einem Zugezogenen besonders »gut sein« oder sich »erkenntlich zeigen«, schenkt er ihm eine Konservendose Hausmacherwurst aus eigener Schlachtung.

Wir danken Dir für Deine Gaben / Erntedankfest

»Jott helf öch!« Diesen Gruß bot man früher im Kronenburger Land und auch sonst in der Nord- und Mitteleifel jedem, den man im Feld, im Garten oder bei einer Tätigkeit draußen in freier Natur antraf. Mit »Jott dank öch!« dankte dann der Gegrüßte.

Das bedeutete keineswegs, den Namen Gottes überfromm und gedankenlos auszusprechen, sondern eher schon das selbstverständliche Empfinden, zu allem Tagewerk des Menschen, erst recht zu einem so wichtigen, weil existenzsichernden, wie im Feld und Garten, gehöre Gottes Segen und Hilfe. »An Gottes Segen ist alles gelegen« war eine für das damalige Lebensgefühl des Eifelers kaum anfechtbare Tatsache. Zu allem, was er an Zukunftswerk verabredete und erwartete, gehörte der geradezu selbstverständlich anmutende Nachsatz: »Esu Jott well.« Gott dann erst recht nach der geglückten Ernte zu danken, war für den Eifeler selbstverständlich.

»Ein Erntedankfest gab es in Dahlem nicht, doch schmückte man den letzten Wagen Heu oder Getreide gern mit grünen Zweigen« (Guthausen). H. Meyer berichtet von den Verhältnissen in der Nordeifel: »Erntefeiern

waren ehedem in der Eifel die Kirmesse. Sie sollten möglichst so liegen, daß die Ernte eingebracht war oder wenigstens eine Pause in der Feldarbeit war. (Die) Bräuche, Erntegaben in der Kirche auszustellen und zu segnen, (sowie) der Erntekranz, kamen erst im Gefolge des NS.-Erntedankfestes« (H. Meyer).

In anderen Teilen der Eifel (Südwesteifel, Prümer Land) erlebte und feierte man aber betont den Abschluß der Ernte, womit hauptsächlich die Getreideernte gemeint ist. »Früher vollzog sich die Heimfahrt des letzten Fuders oder der letzten Garben in Teilen der Eifel feierlich. Es bildete sich ein Zug, an dessen Spitze der erste Schnitter schritt mit einer hohen Stange, die mit Fruchtähren und Blumen geschmückt war. Oben auf der Stange prangte ein Hahn, ein lebendiger oder aber ein bunt bemalter aus Holz, die Verkörperung des Korngeistes.

Die übrigen Schnitter und Schnitterinnen geleiteten den Erntewagen jubelnd und singend nach Hause. Dort wurde einen Tag lang das Schnitterfest gefeiert und zuletzt ein Hahn geschlachtet. Dieser alte Brauch war in der Eifel auch unter dem Namen ›Den Hahn fangen‹ bekannt« (Wrede).

Aus der Nordeifel und dem Ahrtal ist uns dagegen der Brauch des Hahneköppens am Kirmesdienstag geläufig.

In der Südeifel gibt es auch heute noch die Redensart: »Wir haben den Hahn gefangen.« »In älterer Zeit blieb es (aber) nicht bei den Redensarten; ein festliches Essen, ursprünglich ein gebratener Hahn, beschloß die mühevolle Arbeit der Schnitter und Schnitterinnen« (Zender). Die Veränderung des Brauchs zur bloßen Redensart führt Zender auf die Zeit um 1880 zurück, als die Mähmaschine die mühevolle Handarbeit der Schnitter ablöste.

Der Eifelbevölkerung ist heute noch weitgehend das im Dritten Reich unter politischem Druck eingeführte Erntedankfest bewußt, dessen zentrales Vorbild damals auf dem Bückeberg bei Hameln großartig aufgezogen wurde. Heute erkennt man darin jedoch sehr viel klarer die raffinierte NS-Maßnahme, die man vor dem Hintergrund der damals auch in der Landwirtschaft propagierten Selbstversorgung zu verstehen hat. »Je mehr Geld in der Zeit des Nationalsozialismus in die Rüstung ging, desto weniger blieb für die Einfuhr notwendiger Lebensmittel. Also hieß die Parole: Selbstversorgung (Autarkie). Die Werbung dafür trieb seltsame Blüten wie: ›Eßt deutschen Rhabarber statt der ausländischen Zitrone.‹ Entsprechend wurde auch das Erntedankfest neu belebt. Als alter kirchlicher Brauch wurde es von der katholischen Kirche gerne aufgegriffen und wird bis heute noch gefeiert« (Böffgen).

Im neuen Meßbuch der Kirche ist wieder eine besondere »Messe zum Erntedank« vorgesehen. Die katholische Kirche feiert dieses Erntedankfest am ersten Sonntag im Oktober. Auf dem Altar oder einem Nebentisch werden die mitgebrachten Feld- und Gartenfrüchte ausgebreitet und nach der Messe verschenkt.

Eine weltliche Feier des Erntedankfestes hat sich zum Beispiel seit dem Jahre 1954 wieder in der Eifel in dem Ort Rockeskyll bei Gerolstein eingebürgert. Es erfreut sich inzwischen alljährlich im September großer Beliebtheit bei der Ortsbevölkerung und bei den Gästen von nah und fern, mit Festgottesdienst am Morgen und Segnung der Erntegaben sowie einem bunten Festzug am Nachmittag. Seit 1970 trägt die Freiwillige Feuerwehr die Verantwortung für die Organisation und Gestaltung dieses Erntedankfestes. Im jährlichen Festzug erregen immer wieder die ansprechend geschmückten und bestückten Erntewagen viel Aufmerksamkeit und verdienten Beifall. Es sind auch etliche Fußgruppen dabei, vor allem die der Volkstanzgruppe Rockeskyll. In einem Festzelt spielen anschließend Musikkapellen zu unterhaltenden Vorführungen und zum Tanz auf. So werden alte Eifeler Bräuche des Erntedankes in der beliebten Form des Volksfestes wiederbelebt und weiter gepflegt.

Und das ewige Licht leuchte ihnen / Allerheiligen – Allerseelen

»Allerhelleje(n) kick sech nom (nach dem) Wenter öm« (Wrede), sagte früher der Eifelbauer. Der Spätherbst hat jetzt seinen Höhepunkt erreicht; der Winter steht vor der Tür. Scheint dagegen die Sonne um Allerheiligen und sind um diese Zeit überhaupt die Tage noch schön warm, ist in der Eifel »Allerhellejesummer« (Allerheiligensommer). Bei anhaltender freundlicher Witterung wird dann sogar ein »Allerweiwersummer« (Altweibersommer) daraus.

Allerheiligen und Sommer, das paßt zusammen wie die Jubelstimmung wegen der »Fülle der Heiligen« an diesem Festtag in der Kirche und die warmen Sonnenstrahlen draußen. Aber Allerseelen und Allerseelenstimmung erinnern an etwas ganz anderes, sowohl draußen in der Natur wie auch im Empfinden der Menschen. Nicht umsonst heißt der meistens neblig-trübe, naßkalte November auch Allerseelenmonat.

Zwei Gedenktage so unmittelbar nacheinander, wie sonst im Jahr nur zu Ostern, Pfingsten und Weihnachten – und doch so grundverschieden in ihrem Charakter. Allerheiligen, seit dem 9. Jahrhundert als ein kirchliches Fest der Freude gefeiert, ein Hochfest sogar, heute noch zugleich gebotener und gesetzlicher Feiertag, dagegen Allerseelen, ein Jahrhundert später eingeführt, der »Gedenktag aller verstorbenen Gläubigen« (Adam), weder Hochfest noch Fest überhaupt, sondern Gedächtnistag »zum Troste der armen Seelen«.

Die neue Liturgie verzichtet zwar am Allerseelentag auf die Texte des »Dies irae« (Tag des Zornes), »in denen die Angst vor einem schrecklichen Gericht Gottes die Leuchtkraft des Auferstehungsglaubens verdunkelt hat«, und bemüht sich, »den österlichen Sinn des christlichen Todes auszudrücken« (Adam), das Volksbrauchtum scheint davon jedoch unberührt zu bleiben. In ihm kommt das große Gedenken der »armen Seelen«, also der

verstorbenen Angehörigen und Freunde, immer noch stärker zum Ausdruck als die Freude über die vielen Heiligen.

Gewiß hatte der Eifelbewohner zu »seinen« Heiligen schon immer ein vertrautes Verhältnis, halfen sie ihm als Fürsprecher doch oft aus der Not. Allein gegen Fieberkrankheiten kannte er 133 »heilige Spezialisten« (U. Meyer). Aber die armen Seelen betrafen schließlich seine eigene leibliche Existenz, und das verband ihn mit ihnen noch enger. Schon am Festtag Allerheiligen macht sich das deutlich bemerkbar. Es beginnt nachmittags mit der Prozession zum Friedhof und setzt sich fort im Besuch der Gräber mit dem Entzünden der Grablichter zum Troste der armen Seelen, damit auch ihnen »das ewige Licht leuchte«. Schon einige Tage vorher werden die Gräber »in Ordnung gebracht« und mit Herbstblumen bepflanzt. Von auswärts kommen die Angehörigen und bringen statt der frischen Blumen, die schnell verwelken, Blumenkissen oder -kränze aus künstlichen Blumen mit, oder eine mit Erdreich gefüllte Blumenschale, die sich »länger hält«. Das sind Zeichen der Verehrung und Aufmerksamkeit für die Toten, als komme man als geladener Gast zu einem Fest. Früher waren Allerheiligen und Allerseelen auch im Gräberbrauchtum schärfer getrennt. »Von jeher war der Gebrauch, zu allerheiligen Tag die Gräber zu zieren« (Schmitz). Am Allerseelentag, dem Tag darauf, wurden die »von den Angehörigen vorher erneuerten Gräber besucht, . . . Gebete verrichtet, . . . (und) auf die mitunter mit Blumen geschmückten Grabhügel Lichter und Gefäße mit geweihtem Wasser gestellt« (Schmitz).

Ein alter Brauch sind auch bis heute noch Meßstiftungen »für die Seelenruhe der Verstorbenen« (Henrichs). Der Brauch reicht mit seinen Wurzeln zurück bis in den Totenkult heidnischer Zeiten. »Die Vorstellung von der Ruhelosigkeit . . . mancher Seelen-

geister . . . hat eine Fülle von Opferbräuchen entwickelt« (Henrichs).

So ist nicht auszuschließen, daß vor diesem Hintergrund auch der Brauch des »Allerseelensingens« der Dorfjungen von 16 bis 20 Jahren zu sehen ist. In der Eifel und Voreifel (heute Kreis Euskirchen) wird er noch, wenn auch an wenigen Orten, geübt, so vor allem in der Pfarre St. Georg zu Kallmuth mit den Filialorten Bergheim, Kalenberg und Lorbach (U. Meyer) sowie in den Voreifeldörfern Obergartzem, Firmenich, Arloff und Kirspenich (Dahmen).

In Kallmuth ist dieser Brauch des »Allerseelensingens« (Guthausen) oder »Allerseelengebetes« (U. Meyer) unter der Volksmundbezeichnung »Brabbeln« geläufig, was wohl auf die schnelle Sprechweise beim Beten hinweisen soll. Am Allerheiligennachmittag ziehen »nach der Segnung des Friedhofes« (U. Meyer) die Junggesellen mit einem Korb von Haus zu Haus, um ihren Bittspruch im »Sington« (Dahmen) aufzusagen. Danach erhalten sie die erbetenen Gaben, vom Hausherrn Geld für die Lesung von Totenmessen (die erheischten »Keaze«), von der Hausfrau einige Äpfel in den Korb. Von Ort zu Ort weichen die Sprüche geringfügig voneinander ab. Selbst für Kallmuth liegen zweierlei Fassungen schriftlich vor. Wir bringen hier das »Allersiejelejebött« in Mundart und »Übersetzung« (U. Meyer):

Allersiejelejebött

Jott jröß Üsch Ier Hääre on Dame, die Ier do drenne

sett zöm Trueste de ärme Siejele em Fechfüer.

Mir heesche füer de Keaze on sare üsch füerwoha,

ze Kallemöt en de Kerech solle se brenne sto.

De Keaze stohn opp de Bröck on lüete en de Baach.

Mir john dörech de janze Faar.

Wäe Flahs plöcke wöll, moß frö oppstohn.

Wäe de Jongfraue freije wöllt, dasch nett schloofe john.

Fräuche von de Ihre let ihr sebbe Mädche oppstohn,

joof oß sebbe Eije on let oß john,

denn me hann noch witt ze john.

De Jabe, die Ier oß jött, jeet üsch seleve aan.

Datt ös de Wäch zöm iwiie Lövve.

Do ös keene Zwiefel dran, do ös keene Zwiefel dran.

Mir danke füer de Jabe, die Ier oß hat jedohn.

So solle füer Eujö Siejele bej Jott jeschrefe stohn,

bej Jott jeschrefe stohn.

Allerseelengebet
(Übersetzung)

Gott grüß' Euch, Ihr Herren und Damen, die Ihr da drinnen

seid zum Troste der armen Seelen im Fegfeuer.

Wir sammeln für die Kerzen und sagen Euch fürwahr,

zu Kallmuth in der Kirche sollen sie brennend stehen.

Die Kerzen stehen auf der Brücke und leuchten in den Bach.

Wir gehen durch die ganze Pfarre.

Wer Flachs pflücken will, muß früh aufstehen.

Wer die Jungfrau freien will, darf nicht schlafen gehen.

Frau in Ehren ließ ihre sieben Mädchen aufstehen,

gab uns sieben Eier und ließ uns gehen,

denn wir haben noch weit zu gehen.

Die Gabe, die Ihr uns gebt, die geht Euch selber an.

Das ist der Weg zum ewigen Leben.

Da ist kein Zweifel dran, da ist kein Zweifel dran.

Wir danken für Eure Gabe, die Ihr uns habt getan.

Sie sollen für Eure Seelen bei Gott geschrieben stehen,

bei Gott geschrieben stehen.

Diesem innigen Ruf nach Solidarität mit den armen Seelen entzieht man sich natürlich nicht. Die Gabe geht einen ja »selber an«. Pfarrer Dahmen bemerkt in seinem Bericht über dieses »Brauchtum am Allerheiligenabend«: »Und es geht auch die Jungen selber an, was sie zum Trost der Armen Seelen tun, wenn es auch dabei nicht immer armenseelenmäßig zugeht.« Für die Jungen ist eben keine Sache so ernst, daß nicht auch etwas Spaß mit ins Spiel gehörte, auch wenn es um die Armen Seelen geht.

St. Martin ritt durch Schnee und Wind / Martinsbräuche

Es ist schon länger her, daß man im Bitburger Land sagte: »De Le(k)t graulen de Merten« – die Leute fürchten den Martinstag (Wrede). Dann drückten den Eifelbauer die fälligen Pacht- und Zinszahlungen, erst recht, wenn die Ernte nicht gut ausgefallen war. Das alte Wirtschaftsjahr war zu Ende, das neue begann. Knechte und Mägde erhielten ihren Jahreslohn und konnten, sofern sie wollten, die Stelle wechseln, wie an Lichtmeß. Ganz früher war am Martinstag im Kreise Daun auch der Hauptteil des Zehnten für den Grundherrn fällig. Die Schuldner nannte man sogar nach dem Fälligkeitstag »Martiner« (Wrede). Zu deren Naturalabgaben gehörte in der Regel auch eine fette Gans, die Martinsgans (Meisen). Aber eine Martinsgans als Festbraten zum Martinsschmaus, gefüllt mit Äpfeln, Rosinen und Kastanien, wie sie seit Jahrhunderten im Rheinland üblich war (Wrede), kannte der Eifelbauer nicht. Wohl hielt man am Abend vor dem Martinstag in der Westeifel »Hof«, wie an dem Hofabend vor Dreikönige. Dann wurde viel gegessen, besonders Buchweizenkuchen. Im Kreise Mayen gab es »Deppekooche« (Topfkuchen), auch »Märtesbroode« (Martinsbraten) genannt (Wrede).

Seitdem haben sich die Zeiten und die Martinsbräuche in der Eifel beträchtlich geändert. Wenn heute am Vorabend des 11. November die Musikkapellen in der Eifel das vom Niederrhein stammende Lied »St. Martin . . . ritt durch Schnee und Wind« anstim-

men, hat auch hier für die Kinder die Stunde der Martinsfreuden geschlagen. St. Martin, der fränkische Nationalheilige, ist in der Eifel sehr beliebt und volkstümlich. Er ist hier vielfach Pfarrpatron und Schutzheiliger mancher Schützenbruderschaft, neuerdings sogar Namenspatron einer »Sozialstation« in Gerolstein/Hillesheim.

Der Martinszug ist der Höhepunkt des Festes. Entstanden ist er weiter östlich, am Rhein. Jahrhundertelang gab es hier nach dem abendlichen Martinsschmaus der Erwachsenen viele kleine »Martinszüge« ohne Blaskapellen und Papierfackeln, auch ohne einen St. Martin zu Pferd, aber schon mit mundartlichen Liedchen, Heischesprüchen und sogar Spottversen für die Geizigen. An der Spitze der kleinen »Schlangenlinien« (Züge) führte ein »Zintmätesmännche« die »Truppe« an. »Es hatte sein Gesicht geschwärzt und trug auf einem Stock einen Strohwisch oder einen alten Besen, ›de Hex‹ genannt, den man später verbrannte. Das ›Zintmätesmännche‹ ritt auf den Schultern eines anderen Jungen und hatte zwei Begleiter, die auf Stöcken ausgehöhlte Rüben trugen, in denen Lichter brannten« (Klersch). Diese Vergnügungen der Kinder am Martinsabend ähneln denen der früheren »Sternsinger« am Dreikönigsabend. Wenn die Erwachsenen es sich gut sein ließen oder gar schmausten, wollten die Kinder auch etwas Freude haben. Diese Form der »Martinszüge« ging mehr und mehr zurück, stieß auch

Papierfackeln beim Martinszug

zum Teil auf Ablehnung, erst recht, wenn die Spottverse und das Betteln überhand nahmen. Um 1890 kamen dann die großen Martinszüge in der heutigen Form auf.

Stolz und aufgeregt zünden die Kinder in ihren selbstgebastelten Fackeln und Laternen die schmalen Kerzen an und sind froh, wenn die Musikkapelle da ist und es losgehen kann. Die Dorfstraße entlang zieht der bunte und fröhliche Fackelzug hinauf zur nahen Anhöhe, auf der bald das Martinsfeuer lichterloh brennt. Die größeren Jungen des Dorfes haben ja nicht umsonst vorher tagelang Reisig, Bohnenstroh und sonstiges Brennmaterial im Dorf und im Wald gesammelt. Dort oben gibt es dann den beliebten Weckmann, für jedes Kind einen, solange es noch nicht »us dr Schul« ist. Der Weckmann oder Martinsweck hat aber seinem Aussehen nach mit dem heiligen Bischof Martin keine Ähnlichkeit; er ist statt mit einem Bischofsstab mit einem weißen Tonpfeifchen ausgerüstet, mit dem die Kinder mehr anfangen können. Aber dafür reitet ein leibhaftiger »St. Martin« mit blitzendem Helm hoch zu Roß im Zug mit. Sein Mantel ist allerdings noch ganz, während vor vielen Jahrhunderten der römische Krieger und Reiter Martin im damals von den Römern besetzten Frankreich seinen Mantel mit einem frierenden Bettler geteilt hat, lange bevor er zum Bischof von Tours gewählt wurde.

Wochenlang vorher haben die Kinder in der Schule, die Kleinen bereits im Kindergarten, unter Anleitung ihrer Lehrer an den Martinsfackeln gefaltet und geschnitten, eingepaßt und geklebt, daß nur ja ein ansehnliches, von innen bunt leuchtendes Haus oder gar ein Kirchlein daraus werde. Ihre Vorgänger hatten es früher einfacher. Sie besorgten sich eine Rübe, »skalpierten« sie, schnitten Augen-, Nasen- und Mundöffnungen hinein und steckten diese »Köpfe« auf einen Stiel. Eine Kerze im ausgehöhlten Inneren ließ das rot-gelbe Gesicht aufstrahlen. Die heutigen Papierfackeln sind demgegenüber viel feinere und zartere Gebilde und erreichen oft auch

eine längere Lebensdauer. Die Jüngsten tragen meist gekaufte Fackeln. Die Mütter bleiben im Zug schützend und ermutigend an ihrer Seite. Einige junge Männer gehen mit einer lodernden Pechfackel neben dem Zug her und beleuchten den Weg. Immer wieder gibt die Blaskapelle des örtlichen Musikvereins im Zug den richtigen Ton an und läßt alle Teilnehmer »froh und munter sein«. Die Kinder singen die schönen hochdeutschen Martinslieder, wie sie sich inzwischen in der ganzen Eifel eingebürgert haben. Jedes Schulkind ist damit vertraut.

In der Osteifel kennen die Kinder noch die alten Martinslieder in der heimischen Mundart. So singen sie zum Beispiel in Rheinbach immer noch am Martinsabend mit Begeisterung die Lieder »Loof, Könde, loof!« und »Dorech al die Stroße trecke mie« (Wrede). Die erste Strophe lautet so:

»Zank Meete ös at wede he, loof, Könde, loof!
Wenn dä os röf, ich ben at he, loof, Könde, loof!
On de Lööch en de Hand, on dat Keazje aanjebrant,
On de Stroß eraf on erop. Loof, Könde, loof!«

Daß es noch viele solcher Lieder gibt, hängt mit dem größeren Alter der hiesigen Martinszüge zusammen. Durchweg wurde der Martinszug in der Eifel erst nach dem Ersten Weltkrieg Brauch, selbst im brauchtumsfreudigen Ahrtal. Dafür standen in der Eifel immer die Martinsfeuer hoch im Kurs, und die Heischegänge nach Brennmaterial waren eine dankenswerte Aufgabe der Schuljugend. An der Ahr haben fast alle Orte »ihren Meertesnöck, d. h. eine herausragende Felsklippe, einen auffälligen Berg, auf dem das ›Meertesfüer‹ abgebrannt wird. Vor dem 10. November wird im Dorf Brennmaterial von der schulpflichtigen Jugend mit einem Heischelied zusammengebettelt« (Ruland). In Mayschoß singen die Burschen dabei das Lied:

Rübenfackeln beim Martinszug

»Jett ons ze stüere,
für Meertesdaach ze füere.
Meertes woar en joode Mann,
schnitt e Stück vom Mantel eraaf.
Joof er dat dem Ärme.
Loht ons net ze lange stohn,
denn mer moßen noch wegger john«
(Ruland).

Dagegen ist »der Fackelzug innerhalb des Ortes, der am Martinsabend . . . geht, veranstaltet von der Schule und begleitet von örtlichen Musikkapellen, . . . neueren Datums, nach dem 1. Weltkrieg eingeführt« (Ruland). Ähnliches wird auch für die Mitte der 20er Jahre für andere Osteifelorte festgestellt, sogar mit Angabe des tieferen Grundes. So heißt es damals u. a.: »Durch die Einwirkung der Schule sucht man neuerdings an verschiedenen Orten, so z. B. in Adenau, sämtliche Kinder zu *einem* Fackelzug und *einem* Martinsfeuer zu einen, wobei eigens dazu gedichtete Loblieder auf St. Martin erklingen. Wohl verliert dadurch die Feier ihr urwüchsiges Gepräge, aber den Auswüchsen ist gesteuert« (Zender). Welchen »Auswüchsen«? In der Ahrgegend und in den dem Mittelrhein benachbarten Teilen der Eifel bildeten die »Mertensjungen« (Zender) vielfach Parteien, ja einander befehdende »Kriegslager« (Zender). So heißt es von Ahrweiler, wo sich die Jungen nach den vier Stadttorvierteln gruppierten: »Auf vier Bergen brennen Feuer; nach deren Erlöschen prügelten sich die Burschen bis vor kurzem mit Weinbergspfählen« (Zender). In Koblenz gab es bereits bei zwei getrennt liegenden Altstadtstraßen unterschiedliche »Martinsparteien«, die in ihren Martinsliedern ihre jeweilige Auffassung unverblümt kundtaten. So hieß es in einem Koblenzer Lied:

»Heiliger Sankt Märte, mit dene siebe Gerte,
Mit dene sieben Rute, die Nas, die soll blute;
Das Blut läuft über Bäckers Haus, hol dir

einen Weck heraus,
Mir einen, dir einen, annere Kinder gar keinen.«

Die Jungen aus der Kastorgasse fügten dann diesem Vers noch hinzu:

»Stivele, stivele, stang, vor de Weisergässer ham mer kei Bang;
Die locke mir in e Gäßge und haue ihnen dat Schäßge.«

Die Burschen aus der Weisergasse sangen völlig unerschüttert:

»Stivele, stivele, stang, vor de Kastorgässer ham mer kei Bang;
Die locke mir in e Gäßge un haue ihnen dat Schäßge.«

In Rheinbrohl sangen die Jungen noch in den 20er Jahren:

»Zant Merten, Zant Merten, dann schlon se sich mit Gerten,
Schlon sech mit Axe, dat se quackse« (Zender).

Zu solchen »urwüchsigen« Martinsliedern kamen noch Spottverse auf denjenigen im Dorf, der mit den Gaben keineswegs so freigebig umging, wie Ritter Martin gegenüber dem Bettler. So sangen die Kinder in Welschenbach bei Virneburg beim Martinsheischen:

»Jet es jet ze steuere,
für os Meetesfeure.
Jet es en aale Meeteskörf!
Jet es en Schants udder en Beusch Strüü!
Verbrenne mer öch de Läus udde de Flüü.«

Wenn der so Gebetene dennoch nichts herausrückte, hieß es ohne Zögern:

»Dat oß en aal Knottebüx,
di jet es all Joe (Jahre) nix« (Wrede).

So werden die heutigen Martinszüge, um die sich vielfach die Grund- und Hauptschulen kümmern, vielleicht verständlicher. In den

Eifeldörfern, in denen es keine Schulen mehr gibt, haben sich örtliche Vereine, wie Freiwillige Feuerwehr, Musik- und Heimatvereine die Pflege des Martinsbrauchtums zur Aufgabe gemacht. Die Martinsweckmänner stiftet oft die Gemeinde.

Diese Entwicklung ging vom Niederrhein aus, genauer: von der Stadt Düsseldorf. Hier standen »die Umzüge der Kinder mit ihren eigenartigen Leuchten in Ruf und Ansehen« (Wrede). Hier bildeten sich auch früh Ausschüsse, die berieten, ob die Martinszüge der Kinder in der alten Art abgeschafft, beibehalten oder umgestaltet werden sollten. So wurde »Düsseldorf die erste Stadt . . ., wo seit 1894 in den einzelnen Stadtteilen . . . derart organisierte ›Fackelzüge‹ durch die Straßen zogen. Dabei sangen die Kinder unter Begleitung von Musikkapellen außer ihren überlieferten Heischeversen auch neue Martinslieder. Zur großen Freude der Kinder nahm auch bald ›Sankt Martin‹ selbst hoch zu Roß an diesen Umzügen teil, zunächst als Bischof, dann seit 1905 als Ritter bekleidet« (Meisen). In Köln ging »ein erster kleiner Martinszug« (Klersch) der neuen Art am Martinsvorabend 1925. Ein Schulrektor hatte sich dafür eingesetzt.

Im Eifelraum gab Euskirchen dazu den Anstoß. »In den Jahren 1920 oder 1921 wurde hier zum ersten Male ein Martinsfackelzug mit Feuer vor der Stadt und Verteilung von Wecken an die Kinder durchgeführt. Alle – rund 2000 – Kinder nahmen an dem Zuge teil . . . Nur die Orte, in denen von jeher ein Martinsfeuer ohne amtliche Mitwirkung gebrannt wurde, hielten am hartnäckigsten an ihrer natürlichen, nicht organisierten Feier fest, wenn sich auch selbst hier der Fackelzug

mehr und mehr durchsetzte« (Zender). Zu einem neuen Mittler und Vorbild in der Nordeifel wurde sogar ein kleines Dorf, Roderath bei Zingsheim. Hier fand bereits am Martinsabend des Jahres 1920 die erste Martinsfeier im neuen Stil statt. Damals sammelten sich »am Abend die Erwachsenen und Kinder des Dorfes zu einer Feier des Martinsabends in echter Dorfgemeinschaft. Alle trugen Fackeln und bewegten sich durch das Dorf zum Martinsfeuer. Die Teilnehmer umstanden das Feuer, in ihrer Mitte stand ein Reitersmann. Der Reiter hielt an die Dorfbewohner eine Ansprache und verteilte dann seine Gaben. Damals, im Jahre 1920, kannte man auch im Kreise Schleiden noch die rationierte Brotverteilung. Deshalb gab es kein Gebäck, aber die Dorfbewohner hatten Obst gespendet, Äpfel und Birnen, die den Kindern beschert wurden. Die abendliche Gemeinschaftsfeier hat dann in den folgenden Jahren in der ganzen Gegend Nachahmung gefunden« (H. Meyer).

In Dahlem (Kronenburger Land) wurde der »Martinsbrauch mit Umzug und Martinsfeuer . . . im Jahre 1932 eingeführt« (Guthausen). Es wäre sicher reizvoll, der Entwicklung dieses gerade die Kinder so ansprechenden Brauches in der Eifel weiter nachzugehen, weil es »Aufgabe der gesamten Martinsverehrung (sein wird), schon bei den Kindern soziales Verständnis zu wecken, sie karitatives Denken und Handeln zu lehren und zur Nächstenliebe zu erziehen. Damit würde die Eigenschaft des großen Heiligen von Tours herausgestellt, die während des Mittelalters bei ihm am stärksten in den Vordergrund trat und am meisten gelobt wurde: seine Freigebigkeit« (Meisen).

Advent, Advent, ein Lichtlein brennt / Adventsbräuche

»... Erst eins, dann zwei, dann drei, dann vier, dann steht das Christkind vor der Tür.« Der Kinderreim sagt's einfach, aber treffend. Wenn das erste Adventslicht aufleuchtet, brauchen die Kleinsten nicht einmal eine ganze Hand, um die wenigen Sonntage bis Weihnachten an den Fingern abzuzählen. Ihre Unruhe und freudige Erwartung wird in sichtbare Bahnen gelenkt. Selbst in der Sonntagsmesse brennt ein solches Kerzenlicht im sehr viel größeren Adventskranz als dem daheim; er ist sogar mit breiten violetten Bändern geschmückt.

In einer Eifeler Zeitung hieß es noch im November 1953: »Auch in Eifeler Stuben hat in den letzten Jahren der Adventskranz Eingang gefunden. So ist er nun, im Bereich der Familie, in den Häusern, aus denen nach soviel Kriegsnot wieder die Hoffnung erwacht ist, der Vorbote der von Tannenduft und Friedlichkeit umwehten Weihnachtsbäume« (H. Meyer).

Heute, eine Gerneration danach, gibt es kaum eine Eifeler Familie, in der nicht dieses Symbol, der Kranz aus frischem Fichtengrün mit den vier Kerzen während der Adventszeit auf dem Stubentisch steht oder an roten Bändern von der Zimmerdecke hängt.

Nicht ohne gute Gründe sagt die Kirche, in deren Gotteshäusern die Geburt Christi als zweitägiges Hochfest in einem eigenen Weihnachtsfestkreis gefeiert wird: »Der Advent (lateinisch adventus = Ankunft) ist geprägt von hingebender und freudiger Erwartung... Die Familie sammelt sich um den Adventskranz, dessen Kreisform den Zusammenhalt und dessen wachsendes Licht die zuversichtliche Erwartung der Gläubigen im Advent ausdrückt« (Gotteslob). Der Adventskranz gilt auch als »Symbol der Vorbereitung und Hoffnung«. Der Kranz als solcher war schon immer »Symbol der Zeit und Ewigkeit«.

Dabei ist dieser gehaltvolle Brauch noch gar nicht so alt, weder in der Eifel, noch im ganzen deutschen Sprachgebiet, in dem er eine Besonderheit darstellt. Er stammt aus Norddeutschland. Der Begründer der evangelischen Inneren Mission, Johann Heinrich Wichern, entwickelte um 1830 den Grundgedanken und die Form. Daher verbreitete sich der Brauch auch zunächst in evangelischen Gegenden schneller als in katholischen. Aber es bedurfte vermutlich erst der Gemeinschaftserlebnisse des ersten Weltkrieges. »In Köln erschienen die ersten Adventskränze im Jahre 1925« (Klersch). Blumen- und Kranzbindereien taten das Ihre dazu. Im kirchenfeindlichen Dritten Reich wurde der Adventskranz zu einem Sinnbild des Widerstandes. Nach dem Zweiten Weltkrieg erschien er »auch als Symbol der christlichen Hoffnung in den katholischen Kirchen und Klöstern« (Klersch).

In seiner überschaubaren und einprägsamen Zahlenbedeutung hat er eine gewisse Ähnlichkeit mit dem ebenfalls seit dem Ersten Weltkrieg schnell verbreiteten Adventskalender, an dem die Kinder jeden Tag ein Türchen aufmachen und die Tage bis Weihnachten abzählen. Adventskranz und Adventkalender zeigen auch, wie sich neue ansprechende Bräuche rasch durchsetzen und nachgeahmt werden.

Die Adventszeit gilt immer noch als stille und besinnliche Zeit, im Eifeldorf mehr als in den lichtüberfluteten Großstädten mit ihren überquellenden Geschenkauslagen in den Geschäften und Schaufenstern. Doch ziehen die Eifelstädtchen hierin schnell nach, um »Adventsstimmung« zu wecken und zu verbreiten. Daß die Adventszeit früher kirchlich auch als Buß- und Fastenzeit galt, ist heute kaum noch zu spüren. Die Süßigkeiten und Gaben, die die »Hellichfra« (heilige Barbara, 4. Dezember) und der »Hellije Maan« (heiliger Nikolaus, 6. Dezember) den braven Kindern bringen, sollen diese ja nicht erst Weih-

nachten genießen, weil das Christkind ja auch nicht mit leeren Händen kommt. Auch die Kirche betont, »daß der Advent nicht in erster Linie Bußzeit im Hinblick auf das Gericht des wiederkommenden Herrn, sondern . . . hingebende und freudige Erwartung . . .« ist (Adam). Wenn auch in der Messe zur Adventszeit das Gloria fehlt, so doch nicht das Halleluja. Freudig singen dann die Gläubigen »Macht hoch die Tür!« und »Wachet auf, . . . der Bräutigam kommt«. Das ist Ausdruck froher Erwartung und Vorbereitung, nicht aber reuiger Bußgesinnung.

Die gallikanische Kirche, deren Adventszeit die acht Wochen vom Martinstag bis Dreikönige dauerte, hielt es damit anders. Für sie war – wie für die Ostkirche noch heute – »das Epiphaniefest am 6. Januar das . . . Geburtsfest Christi« (Adam). Das hatte auch für die Gestaltung des Martinstages in der Eifel Folgen. Dieser galt nach gallikanischer Auffassung »als Scheide zwischen der frohen Zeit der Ernte und der ernsten Zeit vor der Erscheinung des Herrn und Erlösers . . . und wurde bald vom Volke mit besonderen Lustbarkeiten begangen« (Klersch). Hier liegt auch eine der wichtigsten Wurzeln für den Eifeler »Hofabend« vor dem Martinstag. Vielleicht auch ein Grund für die Feiern am 11. im 11. im Rheinland?

»Der Anbruch dieser Bußwochen war dann auch ein Grund zu ausgelassenem Feiern am letzten Festtag vor dem Advent, ähnlich dem vor Aschermittwoch. Das erklärt den Karnevalsauftakt im Rheinland am 11. im 11.« (Henrichs).

Wichtig für den geistigen Nährboden der Adventsbräuche in der Eifel ist die kirchliche Auffassung: »Ein Adventsfasten ist seit 1917/1918 nicht mehr geboten« (Adam). Die Gedenktage der in der Eifel besonders geschätzten Volksheiligen Barbara, Nikolaus und Luzia (13. Dezember) brauchen also nicht mehr als auflockernde Unterbrechung in einer im übrigen strengen und fleischlosen »Adventsfastenzeit« zu dienen. Dadurch soll ihre Bedeutung als beliebte Höhepunkte im Advent

keineswegs gemindert werden.

Doch vermeidet der Eifeler immer noch im Hinblick auf den besinnlichen Charakter der Adventszeit große, typische Eifeler Hochzeiten oder laute Tanzlustbarkeiten. Dagegen empfindet man hier Adventsbazare für einen guten, meist karitativen Zweck, die vielfach die örtlichen Frauengemeinschaften veranstalten, als völlig passend zum freudigen wie zum besinnlichen Wesen der Adventszeit, auch wenn sie mit einem Frühschoppen im Pfarrsälchen oder zumindest mit Kaffee und Kuchen verbunden sind.

Früher, als es Auto, Traktor, Fernseher, Telefon und viele andere Errungenschaften auf dem Eifeldorf noch nicht gab, dafür aber beispielsweise noch ein »Backes« (Backhaus), war hier auch die Adventszeit noch stiller und inniger. Sie konnte es damals wohl auch sein. Ein Eifeler erinnert sich an den Advent in seinem Heimatdorf vor 70 Jahren:

»Wir Jungen streiften hinaus und suchten Moos und knorrige Stubben und Zweige mit seltsamen Bartflechten für das Krippchen . . . Und der kurze Tag endete mit den traulichen Abendstunden in der warmen Stube, wenn die Angelusglocke weich durch das Schneegeriesel tönte . . . Die adventliche Abendstunde war unser Seelengehäus. Die Familie betete den Rosenkranz und sang Adventslieder, die Bratäpfel schmorten auf dem Schrankofen, die Pastorenbirnen waren zeitig, die Kinder schrieben Brieflein ans Christkind und legten sie vors Fenster, mit einem Holzscheit beschwert, daß der Wind sie nicht entwehen konnte. Der Vater las vor, aus der Heiligenlegende oder aus Grimms Märchen, er erzählte alte Eifelsagen von der Weihnacht. . . . Wir sangen das schöne Christnachtlied der Eifelkinder mit seinem bescheidenen Wunsch:

Christkindchen, komm langs us Haus,
Schütt' en Sack voll Äppel aus!
Mir streuen Hafer, mir streuen Heu,
Dat himmlisch Eselche wird sich freu'n.
Off et Finster stelle mer e Gläsche Wein,

Dat sollste trinke, dat schmeckt fein,
Christkindche, komm langs us Dir.
Breng mer en deck-fet Mertesbir!

... In dieser Winterabendstunde redete die Sprache der Liebe. Auch alle Dinge in der Stube ... da tauten alle Wesen auf, und die Herzen der Menschen ... blühten auf wie die dunklen Barbarazweige auf dem Stubenschrank. Sie fehlten in keinem Jahre ... Ja, im Advent waren alle Dinge im Dorfe fromm. Alle Geräusche klangen gedämpft, die Bauersleute ruhten aus wie ihre Äcker ... Aber vom Backhaus muß ich noch erzählen; denn das ›Backes‹ gehört in den Advent und in den Winter unseres Dorfes wie der Ofen in

der Stube ... So war unser Backhaus ... in unseren Jugendjahren ... in den Wochen des Advents eine Herzkammer des Dorfes; es war ... die wärmste Dorfstube für den Körper und auch für das Gemüt, da wurde das tägliche Brot und der Festtagskuchen für den Leib gebacken, aber auch viel Seelenbrot war hier zu empfangen, wundersame, unvergängliche Kost für ein ganzes Menschenleben« (Kremer).
Mögen sich die Zeiten und die Adventsbräuche in der Eifel auch geändert haben, die Adventszeit ist hier immer noch reich an »Seelenbrot«, einer besonderen Kraft, die nicht unerheblich zur Gemütsbildung beiträgt.

Nikolaus, komm in unser Haus! / Nikolausbräuche

»Hellech Nekeläsje, komm iwet (über das) Sträßje – komm an os Dir (an unsere Türe) on breng mo (mir) en jedreischt Bir (getrocknete Birne)« (Wrede).
So bescheiden geben sich die Kinder in der Eifel schon seit langem nicht mehr. Für eine getrocknete Birne vom Nikolaus lohnte es sich kaum, den »Hellije Mann« zu Beginn der Vorweihnachtszeit so sehnsüchtig zu erwarten. Dann wäre ja das alles nicht wahr, was unlängst ein Pastor in Köln von ihm behauptet hat, als es in einem Vortrag um die wichtige Frage ging: »Was macht beziehungsweise warum ist man populär?« Antwort: »Dazu gehört, daß man den Menschen Gutes tut oder getan hat.« Beispiele: St. Martin und St. Nikolaus. »Vom heiligen Nikolaus«, sagte der Pastor, »wissen wir in der Kirchengeschichte wenig. Nur, daß er Bischof von Myra war und im Jahr 325 am Konzil von Nicäa teilgenommen hat. Aber er war bestimmt kein Knieskopp!«
Warum wäre sonst bei den Holländern, die heutzutage so gern in die Eifel kommen, der »Sinterklaas-Abend« am 5. Dezember das

fröhlichste Fest des Jahres?
Der heilige Nikolaus macht auch in der Eifel seinem guten Ruf, eine der eindrucksvollsten Gestalten der Vorweihnachtszeit, ein Kinderfreund und Helfer in der Not zu sein, nach wir vor alle Ehre. Am Vorabend des 6. Dezember oder am Abend des Nikolaustages selbst kommt er bei Anbruch der Dunkelheit ins Dorf. Zwar ist er dann in Bischofstracht gekleidet, mit Mitra und Krummstab und einem langen weißen Bart, und nicht mehr »vermummt«, wie man ihm das von früher nachsagt. Er hat ein dickes Buch unterm Arm, in dem alle guten und weniger guten Taten der Kinder aufgeschrieben sind. Aber hier kommt er seit langem ganz allein. Nur nach Kronenburg geht er in Begleitung der heiligen Barbara und vor allem des »Hans Muff«. Anderswo bringt er zwar auch eine Rute mit, die er allerdings unter seinem Gewand etwas versteckt hält.
In der Eifel ist der heilige Nikolaus auch an das Wandern gewöhnt. Er kommt zu Fuß, nicht etwa, wie in anderen Orten auf einem Esel oder gar einem Schimmel. Die Kinder in

der Eifel brauchen daher auch gar keinen Hafer, kein Heu und keinen Eimer Wasser vor die Tür zu stellen. In Euskirchen glauben sie, der heilige Nikolaus komme an einer goldenen Kette vom Himmel in die Stadt. Nur wenige Kilometer von Euskirchen entfernt, in Kuchenheim, meinen sie sogar, St. Nikolaus steige auf einer goldenen Treppe vom Himmel in den Kirchturm herab und gelange durch die Kirche ins Dorf (Zender). Gesehen hat das aber noch keiner.

Im Blankenheimer Land soll der Nikolaus früher zwar etwas erdnäher, aber kaum weniger seltsam den Kindern erschienen sein. Pfarrer Johannes Becker berichtet in seiner »Geschichte des Dekanates Blankenheim«: »Am Nikolaustage wird ein Ochse maskiert und eine gleichfalls maskierte Person reitet auf demselben in (!) die Häuser, um die Kinder zu beschenken oder zu bestrafen.«

Was bringt nun der Nikolaus den Eifelkindern, die brav waren, also gut beten können, in der Schule fleißig und gegenüber ihren Eltern und den anderen Leuten am Ort artig sind? Um das festzustellen, macht St. Nikolaus Stichproben, läßt sich ein Gebet aufsagen oder guckt in ein Schulheft. Aber dann geizt er auch nicht mit seinen Gaben. Das sind zunächst einmal die leckeren Äpfel, Birnen und Nüsse von der letzten Ernte, aber auch Apfelsinen und Bananen, die gar nicht in der Eifel wachsen. Und dann die feinen Spekulatiusfiguren, die würzigen Printen, der Weckmann und Schokolade.

Aber nicht überall kann der heilige Nikolaus persönlich in die Häuser gehen. Aber mindestens legt er den braven Kindern etwas auf den Teller oder steckt ihnen einige Leckereien in die aufgestellten Schuhe, wie das mancherorts zwei Tage zuvor schon die heilige Barbara tut, obwohl sie sich in der Eifel mehr um die Erwachsenen kümmern muß. Sie ist ja die Patronin der Bergleute in Mechernich, in der Mayener Gegend und noch an einigen anderen Orten und schließlich auch die Schutzpatronin der Steinmetze, Sprengmeister und Steinbrucharbeiter.

Bei den Erwachsenen steht Nikolaus ohnehin in hohem Ansehen als einer der 14 Nothelfer. Auch in der Eifel ist der heilige Nikolaus außerdem Schutzpatron vieler Berufe, etwa der Bäcker und Apotheker, früher auch der Tuchmacher, die es hier heute nicht mehr gibt. Er ist ein regelrechter Universalheiliger. Er kann auch den heftigen Meeresstürmen gebieten. Deshalb erkoren ihn gerade die Schiffer und die Seehandel treibenden Kaufleute zu ihrem Beschützer. In vielen Hafenstädten Europas bauten sie ihm zu Ehren große Kirchen.

In der Eifel erinnern schließlich die vielen Nikolausmärkte in den Eifelstädtchen an ihn. Der wirkliche Nikolaus lebte um 300 als Bischof in der kleinasiatischen Stadt Myra und hat sich hier als besonderer Freund der Armen und der Kinder einen Namen gemacht. Noch heute erzählt man in diesem Land folgende Geschichte: »Jedes Jahr am Morgen des 6. Dezember fanden die Ärmsten der Gemeinde vor ihren Türen vergoldete Äpfel, Nüsse und auch Spielzeug für die Kinder. Niemand hatte auch nur die geringste Ahnung, wer nun der edle Spender sei. Es vergingen Jahre, bis das Rätsel dann gelöst wurde.

In einer Nacht zum 6. Dezember verfolgte die Stadtwache von Myra ... eine vermummte Gestalt mit einem großen Beutel in der Hand. Die Wache riß ihr die Kapuze vom Kopf. Wer war es? Der Bischof von Myra, der seine Armen beschenken wollte. Der 6. Dezember war sein Geburtstag. Nun war er der Vater der Armen. Als er starb, wurde er in einem herrlichen Sarkophag in seiner Kirche beigesetzt. Sein Grab galt nun als gnadenbringender Ort. So kamen im Jahre 1087 drei italienische Kaufleute nach Myra. Sie besichtigten das Grab und fanden die Wache schlafend. Sie stahlen die Gebeine und brachten sie in ihre Heimatstadt Bari« (Ehlenz).

Von hier aus verbreitete sich dann die Verehrung des heiligen Nikolaus über ganz Europa und kam auch in die Eifel.

St. Nikolaus mit Barbara und Hans Muff   **127**

Stille Nacht, heilige Nacht / Weihnachtsbräuche

Weihnachten ist in der Eifel das volkstümlichste und erhabenste Fest des Jahres. Die alten Leute nennen es hier immer noch »Chrestdaach«. Mit dem Weihnachtsfestkreis beginnt auch das Kirchenjahr.

An Weihnachten feiert die Kirche schon seit dem 4. Jahrhundert den »Geburtstag« Jesu, des Herrn, Heilandes und Erlösers. Sein innigstes Sinnbild ist das »Kindchen« in der Krippe des »Stalles zu Bethlehem«, der genauso gut in der Eifel gestanden haben könnte.

Unter dem Jubel der Orgeltöne erklingt in der spätabendlichen oder nächtlichen Christmette der alte »Engelchor«: »Ehre sei Gott in der Höhe und Friede den Menschen auf Erden . . .« Das uralte Wort nimmt man in der Eifel sehr ernst, war sie doch in ihrer wechselvollen Geschichte oft von Kriegszerstörungen und Verwüstungen heimgesucht. Vorher liest der Priester in der Mette das Weihnachtsevangelium vor: »In jenen Tagen erließ Kaiser Augustus den Befehl, alle Bewohner des Reiches in Steuerlisten einzutragen . . .«

Im Bergland der »buckligen Eifel«, wie mancher Einheimische seine schöne Heimat liebevoll nennt, sind die Wintertage kälter und dunkler als in den Städten und Dörfern des Flachlandes, etwa an Rhein und Ruhr. Um so mehr erwärmt und erleuchtet das Hochfest Weihnachten mit seinem strahlenden Lichterglanz die Stuben und Herzen der Kinder und Erwachsenen. In keinem Eifelhaus fehlt ein »lebendiger« Tannenbaum. Eigentlich müßte er in der Eifel »Fichtenbaum« heißen, seitdem die Preußen nach 1815 dieses Gehölz mit den immergrünen »Blättern« in den Eifelwäldern heimisch gemacht haben, um der Forstwirtschaft Auftrieb zu geben. Aber auch die Kinder nennen ihn »Chrestboom«; »Weihnachtsbaum« klingt weniger vertraut. Der Lichterbaum fand aber als Weihnachtsbaum »mit seinem wundersamen Behang ver-

hältnismäßig spät in die Eifeler Bauernhäuser Eingang, meist seit Beginn unseres Jahrhunderts« (Wrede). Mit brennenden Kerzen ist er bestückt, heute sind es meist elektrische, schon wegen der Brandgefahr, sowie mit bunten oder silberglänzenden Kugeln und Lametta geschmückt, wenn die Familie sich zur Bescherung versammelt. Das Christkind hat den Vater der Familie beauftragt, ein möglichst schönes Exemplar auszusuchen und in den Ständer einzupassen. Sein Duft von frischem Harz verbreitet sich in der ganzen Stube. Seit einigen Jahren steht auf vielen Eifeldörfern noch zusätzlich ein leuchtender Christbaum in den Vorgärten und auf öffentlichen Plätzen. Sie strahlen selbst, wenn der Schnee in dicken Flocken fällt oder die Temperatur weit unter den Nullpunkt sinkt.

In keiner Weihnachtsstube fehlt in der Eifel die Krippe. Sie ist mit viel Liebe und beachtlichem handwerklichen Geschick gebastelt. Ihr Gehölz und das in jedem Jahr zu erneuernde Moos für den Krippenboden und ihr Umfeld stammen aus dem nahen Wald. Vater und Kinder verwenden darauf viel Sorgfalt. In der Kirche legen der Pastor, der Küster und die Meßdiener ihre ganze Ehre in eine schöne Weihnachtskrippe. Während der Feiertage erhält das Jesuskind in der Krippe viel Besuch. Die Kleinen erleben dann sichtbar, wie arm das Jesuskind zur Welt gekommen ist. Die Krippenfiguren haben für sie eine überschaubare Größe.

In dem Eifeler Vennort Monschau-Höfen, der im Ländchen der Hainbuchenschutzhekken, »Windschirme« genannt, liegt, gibt es seit einigen Jahren regelmäßig eine sehenswerte Krippenausstellung, die »Krippana«. Sie wird auch von vielen Menschen aus den Großstädten besucht, gewährt sie doch einen guten Überblick über die Vielfalt an Weihnachtskrippen, deren Geschichte zurückreicht bis in das 13. Jahrhundert.

Richtig weihnachtlich wird es in den Eifeler

Stuben, wenn das Christkind dagewesen ist und beim strahlenden Christbaum die alten Weihnachtslieder erklingen. Viele von ihnen singt man auch in der Kirche. Jedem Eifeler sind sie daher von Kindesbeinen an geläufig: »Heiligste Nacht«, »Zu Bethlehem geboren ist uns ein Kindelein«, »O du fröhliche, o du selige, gnadenbringende Weihnachtszeit«, »Es ist ein Ros' entsprungen«. Im Familienkreis singt man: »Ihr Kinderlein kommet«, »Alle Jahre wieder«, »O Tannenbaum«, und früher besonders gern »Süßer die Glocken nie klingen als zu der Weihnachtszeit«. Ganz feierlich wird es allen zumute, wenn »Stille Nacht, heilige Nacht« angestimmt wird. Dann versuchen selbst diejenigen mitzusingen, die sonst nicht viel vom Singen halten.

Dieses Lied ist in ganz Deutschland das beliebteste Weihnachtslied. Seit die Österreicher Franz Huber und Joseph Mohr es 1818 zum ersten Male in einer Dorfkirche ihrer Heimat erklingen ließen, hat es sich in einem wahren Siegeslauf die Gemüter zur Weihnachtszeit erobert.

Kurz vor Weihnachten herrscht Hochbetrieb in den Eifeler Familien. Alle haben vollauf zu tun. Irgendwann sind die Eltern ins nahe Städtchen oder gar in die Großstadt entschwunden. Sie müssen auf dem Weihnachtsmarkt für das Christkind einkaufen, dessen Gaben ja auch immer noch eine Überraschung sein sollen. Daheim backt die Mutter vor Weihnachten große Mengen Plätzchen, die feinsten des Jahres, mit und ohne Nüsse oder mit Zucker- und Schokoladenguß. Vielfach kommen auch noch ein Christstollen und Pfefferkuchen dazu.

Die Väter haben mit dem Weihnachtsbaum und mit der Weihnachtspost zu tun. An Verwandte und Bekannte in Stadt und Land schreiben sie bunte Karten mit Bildern von schneebedeckten Landschaften, romantischen Dorfkirchlein, brennenden Weihnachtskerzen oder dem Kind in der Krippe. Die Kinder basteln oder nähen Geschenke für Eltern und Geschwister und bringen ihre eigenen Wünsche im Brief ans Christkind zu Papier.

Früher zählten die Kinder in der Eifel die von ihnen in der Weihnachtszeit besonders häufig gebeteten Vaterunser und Rosenkränze. Diese Zahl vermerkten sie dann durch Einschnitte auf einem Kerbholz, das sie am Heiligabend dem leibhaftig im Eifeldorf erscheinenden Christkind vorlegten (Wrede). In der Hocheifel kam das Christkind in einem weißen Kleid und in Begleitung einer Magd (Wrede), um die artigen Kinder mit seinen Gaben zu bescheren. In Spangdahlem nannte man diese Gaben »Christrat« (Wrede), wozu vor allem Essenssachen gehörten, wie Äpfel, Birnen, Nüsse und Gebäck.

Auf manchen Eifeldörfern, so auch in Niederbettingen, war es lange üblich, daß an »Heiligabend« ein Musiker des Dorfes durch die Straßen ging, um auf seiner Trompete alte Weihnachtslieder zu spielen, also »Weihnachten anzuspielen«, wie anderswo Neujahr.

Meistens waren die Christmetten mitten in der Nacht oder in der Frühe am ersten »Christtag«. An den vielen wandernden Laternen konnte man dann die zur Mette eilenden Gläubigen erkennen. Die Wege ins Kirchdorf oder gar in die gerade an Hochfesten gerne aufgesuchten Klosterkirchen, wie etwa Mariawald in der Nordeifel, Maria Laach in der Osteifel und Himmerod in der Südeifel, waren dann oft hoch verschneit und gänzlich unbeleuchtet.

Nach solch einem anstrengenden Kirchweg drückte man oft in den Weihnachtsliedern seine Erwartungen und Wünsche konkreter aus als heute. So sang man zum Beispiel in Mayschoß an der Ahr in der 3. Strophe eines Liedes:

»Bringt, ihr Hirten, bringt herbei,
Zu bewähren Eure Freud,
Feiste Lämmer, fette Böcke,
Auserlesen ohne Flecke,
Daß an Opfer und an Hirt
Man kein Kainszeichen spürt« (Wrede).

In Kirchweiler (Kreis Daun) dachte man in der Heiligen Nacht auch in besonderer Weise an das Vieh im Stall. Es hieß hier: »Auf Weihnachten soll man dem Vieh nicht zu saufen geben, denn in dieser Nacht ist eine Minute, in welcher alles Wasser Wein ist« (Schmitz).

In Dahlem war es Brauch, »in der Heiligen Nacht eine Kerze oder Lampe die ganze Nacht brennen zu lassen. Das bedeutete für arme Leute ein Opfer. Die Kinder glaubten allerdings, man lasse das Licht brennen, damit das Christkind besser sehen könne« (Guthausen).

Zumal am Stephanstag, am zweiten Weihnachtstag also, besuchte man Verwandte und Bekannte am Ort, um sich »Frohe Weihnachten« oder »Verjnöschte Fierdääch« zu wünschen. Man dachte also immer auch an andere. Peter Zirbes, der Eifelschriftsteller aus dem Wittlicher Land, schärfte dies in seinem Gedicht »Chresdagmorgen« seinen Lesern so ein:

> »Dau brauchs net iwer Land on Meer
> no Bädlehem se ränen:
> Den Heiland fendst de iweral,
> wan dau en wells erkänen.«

Weihnachten in der Eifel war stets mehr als gemütvolle Schneelandschafts- und Stubenromantik. Hier leuchtet spürbar auf, welches Geschenk das Kind in der Krippe bedeutet: Friede auf Erden und den Menschen ein Wohlgefallen!

Zwölf heilige Nächte / Rauhnächte – Zeit der Zwölften

In den Tagen zwischen Weihnachten und Dreikönigen genießen auch die Kinder in der Eifel ihre Weihnachtsferien und erholen sich auf ihre Weise von den bewegten Erlebnissen der Advents- und Weihnachtstage. Liegt draußen hoher Schnee oder glitzern Wasser und Straße vom Eis, hält sie tagsüber nichts im Haus. Schneemannbauen, Schneeballschlachten, Schlittenfahren und Schlittschuhlaufen haben, bis die Wangen glühen und die Hände kalt gefroren sind, absoluten Vorrang vor dem Spielen in der mollig warmen Stube. Auch manchen berufstätigen Erwachsenen geht es heute in der Eifel ähnlich. Viele nehmen Urlaub oder haben »frei« – zumindest bis Neujahr. Auch sie drängt es nach den Feiertagen an die frische Luft, zumindest zu einem ausgedehnten Spaziergang. Natürlich müssen Haus und Hof weiter versorgt werden. Aber in Feld und Garten ruht ohnehin im Winter die Arbeit.

Für die alten Eifeler hatte diese geruhsame und stille Zeit früher noch eine tiefere, in überlieferten Vorstellungen ruhende Bewandtnis. Nach uraltem Glauben trieben in den Nächten dieser zwölf Tage die Winterdämonen und bösen Geister ihr unseliges Spiel um Haus und Hof, besonders im Stall. Hätten sie es vermocht, hätten sie, so glaubte man, Mensch und Tier schweren Schaden zugefügt und den sich nähernden Frühling und mit ihm das neue Wachsen und Grünen gar nicht durchkommen lassen.

Diese »Zeit der Zwölften«, wie sie der Volksmund in der Eifel nennt, galt immer als eine Umbruchzeit um die Wintersonnenwende. Ähnliche Vorstellungen und damit zusammenhängende Bräuche der Geisterbekämpfung gibt es heute noch in den Alpenländern Bayern und Österreich.

Erhalten geblieben ist in der Eifel ein alter Wetterspruch: »Wie sich das Wetter von Christtag bis heilige Dreikönig verhält, so ist das ganze Jahr bestellt« (Schmitz).

Die zwölf Tage zwischen Weihnachten und Dreikönige gelten als sogenannte Lostage

(Loas-, Lous-, Luusdäg). Jeder davon bestimmte jeweils das Wetter eines der zwölf Monate im neuen Jahr.

In den zwölf »heiligen Nächten«, die man auch Rauh- oder Rauchnächte nannte, sollte man den bösen Geistern nicht ganz das Feld überlassen, sondern ihnen gleichsam die Stirne bieten. Man konnte ihnen ja nicht zu Leibe rücken, weil sie nicht handgreiflich zu packen waren. Die wichtigsten Angriffs- oder Abwehrmittel waren gesegnete Dinge: Weihwasser und Räucherwerk aus dem Krautwisch (Henrichs); daher der Name Rauchnächte (H. Meyer). Eine andere Erklärung bietet die Bezeichnung von »Rauh, mundartlich rauch = in Fell gekleideter Dämon« (Henrichs).

Bauer und Bäuerin gingen gegen Abend in den Stall und besprengten und beräucherten das Vieh. Dabei vermieden sie es, mit den Tieren allzu vertraulich zu sprechen und sie, wie gewohnt, mit du anzureden (H. Meyer). Den bösen Geistern hätte dies mißfallen.

Tagsüber sollte die Arbeit möglichst weniger lärmend als sonst verlaufen, am besten ruhen, um die Geister nicht vor der Zeit aufzuwecken. In Kronenburg legte man sogar strengen Wert darauf, am 3. Januar nicht in den Wald zu fahren, um Holz zu holen. Der Wald brauche dann seine Ruhe, hieß die Begründung. Andernfalls geschehe ein Unglück.

Die Eifelbäuerin achtete strikt darauf, daß sie in der Zeit der Zwölften keine Wäsche auf der Leine hatte. Fürchtete sie vielleicht, daß sich die durch die Luft schwirrenden Geister darin verfangen könnten, wenn sie bei der nächtlichen Räucheraktion die Flucht aus dem Stall ergriffen?

In diesen Vorstellungen der Eifeler Altvorderen vermischten sich offenbar römische, germanische und christliche Auffassungen. So meint Klersch: »Die Wintersonnenwende, die über den Kult des Sol invictus in Rom um 354 zum Geburtsfest Christi erhoben wurde, war auch bei den Germanen ein hohes Fest. Vom 25. Dezember bis zum 6. Januar zählten sie die zwölf heiligen Nächte, in denen die Götter persönlich umzogen, aber auch über die Heilighaltung dieser geweihten Zeit wachten. Die Vermischung von römischen, germanischen und spezifisch christlichen Anschauungen führte zu einem reichen und vielfältigen Brauchtum, aber auch zu mancherlei Aberglauben, in dem heidnisches Gedankengut fortlebte« (Klersch).

Von der Wiege bis zur Bahre / Bräuche im Lebenslauf

Ein Kind ist uns geboren . . . / Geburt

»Als Schorsch schließlich mit der Hebamme im Hellen ankam, fanden sie meine Mutter im Stall beim Viehfüttern«, erzählte uns Frau Anna. Was war passiert? Es mag im Jahr 1910 gewesen sein. Schorsch, der kräftige Nachbarsbursche, war mit dem Auftrag nach Gerolstein entsandt worden, so schnell es ging die Hebamme zu holen. Die aber war gerade unterwegs. Trotz der Dunkelheit riet man ihm, es doch bei der Hebamme in Pelm zu versuchen. Hier hatte er Glück. Diese »Wehfrau« war da und auch sofort bereit, in Niederbettingen aus der Not zu helfen. Schorsch und Hebamme wählten den kürzesten und im Dunkeln sichersten Weg: »Über die Bahn«, an der Kyll entlang.

Der Bursche trug das Hebammenköfferchen mit den Utensilien und dem Säuglingspaket. Wie es ein böses Mißgeschick wollte, stolperten die beiden im Dunkeln, gerieten in ein Loch und hatten Mühe, wieder herauszufinden. Die Verzögerung war das ärgerlichste, saß ihnen doch der Gedanke, daß sie dringend erwartet wurden, wie eine Faust im Nacken.

Als es schon hell wurde, trafen sie endlich ein, abgehetzt und hundemüde. Aber siehe da, die werdende Mutter, der der ganze Aufwand gegolten hatte und deren Wehen nachgelassen hatten, stand im Stall und versorgte das Vieh. Die Hebamme mußte unverrichteter Dinge wieder ihres Weges ziehen: zu Fuß, noch ohne Fahrrad, geschweige denn mit einem anderen Fahrzeug.

Kurz danach brachte die junge Mutter ihr Bäbchen ohne Hilfe der Hebamme zur Welt. Gute Nachbarn sprangen beim Nötigsten ein.

»Anna, mach' vürraan (voran), dat dou dä Jong kriest, dä Pannen-Bast muß ersetzt werden!« Frau Anna, deren Schwägerin ihr so zugeredet hatte, wollte doch ein Mädchen haben. Aber es wurde ein kräftiger Junge, obwohl er den kurz zuvor beerdigten »Pannen-Bast«, der über das kleine Eifeldorf hinaus als »Fabrikant« quadratischer Zementpannen bekannt war, die zum Teil heute noch Haus- und Stalldächer bedecken, nicht »ersetzt« hat.

»Zwischen den Wehen ging die Arbeit in Haus und Stall weiter. Die Männer mußten ja schaffen gehen. Wenn eine Wehe kam, stellte man beim Stallausmisten die Schubkarre eben so lange hin«, erzählt Frau Anna weiter.

Solche Begebenheiten klingen heute anekdotenhaft, fast unglaublich. Und doch gehören sie einer Vergangenheit an, die noch gar nicht solange zurückliegt. Hier mögen sie stellvertretend stehen für viele ähnliche Geschehnisse um das »freudige Ereignis« auf dem früheren Eifeldorf. Wie sich die Dinge gewandelt haben, zeigt eine Aussage von Frau Annas Enkelin Marion. Sie erwartet bald ihr erstes Baby. »Wenn man regelmäßig zu den empfohlenen zehn Voruntersuchungen geht, zahlt einem die Krankenkasse 150 Mark.'

Welches Eifelkind erblickte damals schon im Kreißsaal eines Krankenhauses das Licht der Welt? Meist wurde die Hebamme erst im letzten Moment ins Haus der werdenden Mutter gerufen. Oft hatte sie dann stundenlang Arbeit mit dem kleinen Erdenbürger, mußte ihn in ein Wechselbad von warmem und kaltem Wasser halten, bis er die ersten Lebenszeichen von sich gab und das erlösende Wort fallen konnte: »Et Könd läft!«

Wer sich solch schweißtreibende Mühe mit dem Kindchen gab, dem vertraute die junge Mutter mindestens so sehr wie dem studierten Arzt. Manche Senfwickel um den geschwollenen Hals eines Neugeborenen, die der »Herr Doktor« verordnet hatte, unter-

blieb, weil die Hebamme nichts davon hielt. »Die Geburt des Kindes muß der Mann den Nachbarsfrauen sofort mitteilen; so verlangt es . . . die Sitte . . . in der Eifel«, schrieb Wrede noch 1922. Die Wöchnerin durfte im mittleren Kylltal das Haus nicht eher verlassen und sich auf der Straße blicken lassen, bis sie in der Kirche »ausgesegnet« war. Später nannte man das den »Muttersegen«. »Gute Nachbarn machten (in Dahlem bei Kronenburg) manchmal einen Bittgang zur Muttergotteskapelle, um dort Hilfe zu erbitten für die Nachbarin in ihrer schweren Stunde« (Guthausen). »Nachbarskinder, die begierig sind, das neue kleine Kind zu sehen, läßt man das ›Ditzelchen‹ besehen« (Wrede). Heute geschieht das bei Besuchen im Krankenhaus hinter den Glasscheiben der Entbindungsstation.

Besondere Phantasie hat man früher stets entwickelt, wenn »neugierige« Geschwister oder Nachbarskinder fragten, woher die kleinen Kinder kommen. Für die einen kamen sie dann »us dem Boum«, in der Gegend der Hohen Acht »aus der Köttelburg«, bei Eiserfey galt sogar die Kakushöhle als »Kinderland«. »Erst in neuerer Zeit begann man den Storch zu nennen, der auch ›de Muder an (in) e Been jebaß hoat, det se kraank as‹ (ist; Kreis Bitburg-Prüm)'' (Wrede).

Dem ehelichen Kind und der Kindesmutter galt schon immer die besondere Anteilnahme aller Nachbarn, Bekannten und Verwandten. So sollte die werdende Mutter nichts Ekelerregendes oder Häßliches zu sehen bekommen, damit sie sich nicht »versehen« konnte, weil dies für das Kind schädlich wäre. Beim Genuß von Speisen durfte sich die angehende Mutter allerhand leisten. »Wenn sie ›des Wilds gelüstete‹ (durfte sie) dessen soviel greifen und fangen lassen, daß sie ›ihr Gelüsten‹ befriedigen konnte« (Wrede). Ein altes Weistum von Gondenbrett (Westeifel) zeigte besonders viel Verständnis für solche Gelüste. Damalige Grund- und Schirmherren verzichteten sogar auf das ihnen zustehende sogenannte Rauchhuhn (von jedem Haus, aus

dem Rauch aufstieg) und Schirmhuhn und begnügten sich stattdessen mit einem Symbol. »Da eyn kindelbetzfrawe (Wöchnerin) were, soll man den kopff von Schirm undt rauchhohn neme undt der frawe den rumpff lasse.«

Uneheliche Kinder und Mütter hatten schon immer besondere Schwierigkeiten, sich in der Dorfgemeinschaft mit deren festen Sitten und Ordnungsvorstellungen zu behaupten. »Eine uneheliche Mutter war früher öffentlicher Schande und allgemeinem Gespött preisgegeben. Man setzte ihr einen Strohmann in den Nuß- oder Birnbaum vor dem Hause oder Hof, um den Bankertsvater darzustellen. ›Denge Fater es om Noßboom ersof‹ (Wrede), verhöhnte man oft das vaterlos aufwachsende Kind, das ja an seinem Schicksal keinerlei Schuld hatte. Heute geht es Gott sei Dank wesentlich menschlicher zu, wenn auch keineswegs unproblematisch für Mutter und Kind.

Der Sprachgebrauch um das »Kinderkriegen« hat sich in der Eifel mit zunehmender Verwendung der Schriftsprache stark gewandelt. Das Wort schwanger, das in Eifeler Mundarten fehlt und deshalb umschrieben wird, ist heute Bestandteil der Umgangssprache. Statt »die Frau ist in andern Umständen« sagte man in Speicher: »Die Frau as aanisch (ist anders)« (Wrede). Im Kreis Ahrweiler hieß es sogar sehr anschaulich: »Die es net mih allein« (Wrede).

Mit dem Wandel der Umstände und äußeren Verhältnisse um diese erste und wichtigste Station des Lebens, haben sich in der Eifel wie anderswo die dazugehörenden Bräuche verändert, zum Teil aus technischen Gründen, teilweise aber auch aus verändertem Denken. Unverändert aber gilt dabei das schöne Wort von Adam Wrede: »Einer Rebe gleich umrankt die Sitte die äußeren Lebensformen, vor allem die Hauptstufen des Lebens. Sie umfaßt den Menschen schon als werdendes Wesen in der Mutter Schoß und verläßt ihn selbst dann nicht, wenn er ruht im Schoß der Erde.«

Ich taufe dich im Namen des Vaters . . . / Taufe

»De Dööf (Taufe) öss höck feierlijer als frö-her.« Die beiden Männer, die soeben noch den Rest des Geschehens draußen vor der Kirchtüre und das Glockenläuten mitbekommen hatten, könnten recht haben. Beide sind treu sorgende Väter einer stolzen Kinderschar, also quasi Experten. In der Tat geht's heutzutage bei der Kindtaufe auf dem Eifeldorf sehr feierlich zu. Der ehrende Aufwand für das neue »Kind Gottes« ist beachtlich. Zweimal läuten vor Beginn die Kirchenglocken, eine halbe und eine viertel Stunde vorher. Auf der Hauptstraße des Dorfes spielen einige Kinder in der Nähe der Kirche. Knapp 15 Minuten vor der Tauffeier tritt der Taufzug auf die Straße: die Eltern mit dem Täufling, die Paten, Omas und Opas, Onkel, Tanten, Vettern und Kusinen. Einer kleinen Prozession gleich ziehen sie zur Pfarrkirche. Die Eltern des Täuflings, er ist bereits einige Wochen alt, bilden die Spitze. Die Mutter trägt ihren Säugling selbst auf dem Arm. Ein größeres Kind aus der Verwandtschaft hält die Taufkerze in der Hand. Die Patin hat das weiße Taufkleid dabei.

In der Kirche sind die hinteren Bänke mit Frauen und vor allem mit Kindern besetzt, was seine guten Gründe hat. Die Eltern mit dem Täufling und die Paten erwarten an der letzten Bank den Priester. Die übrige Taufgemeinde nimmt vorne Platz. Beim Klingelzeichen erscheinen der Priester und vier Meßdiener im Chorraum. Sie schreiten durch den Mittelgang zum Täufling mit seinen Eltern und Paten. Der Priester begrüßt Eltern und Paten und fragt die Eltern: »Welchen Namen haben Sie Ihrem Kind gegeben?« »Marina«, lautet die Antwort. »Was erbitten Sie von der Kirche Gottes für Marina?« fragt der Priester, und nach einem kurzen Hinweis auf die religiöse Aufgabe der Eltern und der Frage an die Paten, ob sie mithelfen wollen, daß aus dem Kind ein guter Christ werde, schreiten alle zum Altarraum.

Die Orgel spielt dabei »Lobe den Herrn!« Nun stellt der Priester der Taufgemeinde in einer kurzen Ansprache die beispielhafte Treue der heiligen Margareta vor Augen, und die erstaunten Eltern hören zum erstenmal, daß diese Heilige in der Ostkirche den für uns so modern klingenden Namen Marina trägt!

Wenn dann zum Abschluß »Maria breit den Mantel aus!« gesungen wird und die Glocken wieder zu läuten beginnen, quetschen sich die Kinder mit ihren mitgebrachten Plastiktüten zur schmalen Tür hinaus. Die jungen Meßdiener werden unruhig, als könnten sie etwas verpassen.

Einsam und verheißungsvoll steht auf der letzten Bank nur noch eine mit Süßigkeiten prall gefüllte Einkaufstasche. Die Augen der Kinder hatten verständlicherweise an ihr fast so aufmerksam gehangen wie am Taufzeremoniell. Der Pate – es ist der Opa des Täuflings – erscheint zuerst in der Kirchtüre. In der Linken hält er mit Mühe eine ungewöhnlich große Tüte. Wie ein geübter Sämann greift er mit der Rechten hinein und verstreut im weiten Bogen die bunt verpackte süße »Saat«. Er ist alles andere als ein »Sauerpätter«: so riefen die Kinder früher bei solcher Gelegenheit in der Eifel, um den Paten aus der Reserve zu locken oder auch zu tadeln, wenn er sich »kiepisch« (geizig) zeigte. Die Patin hilft ihm inzwischen bei der »Arbeit«. Auch sie verstreut, was ihre Handtasche hergibt. Im Nu haben die Kinder ihre durchsichtigen Plastikbeutel gefüllt.

Für Pohlbach (Kreis Wittlich) schildert Adam Wrede 1960 den Brauch leicht verändert: »Wird der Täufling aus der Kirche getragen und draußen wieder sichtbar, so drängen sich die Kinder heran, denen die Paten Süßigkeiten, Zuckersteinchen zuwerfen. Freigebige Paten werden dann ›siße Päter, siß Got‹, geizige aber ›Strieh- (Stroh-)päter, Striehgot‹ gerufen.«

Wie das früher »hei woar«, erzählt uns eine Frau aus Lammersdorf (Kreis Daun): »Die Nachbarsfrauen gingen mit dem Täufling und den Paten zur Taufe in die Kirche. Die Mutter des Kindes war ja dazu nicht in der Lage, weil sie das Wochenbett hütete. Der Pastor drängte darauf, daß möglichst drei Tage nach der Geburt, aber auf einen Sonntag, getauft wurde, sofern die Hebamme entschieden hatte, daß das Kind kräftig genug sei.

Im Anschluß daran zogen die Frauen mit dem getauften Kind und den Paten in die Wirtschaft. Die Paten mußten dort tüchtig spendieren. Stundenlang und bis in die Nacht hinein ging's dann feucht-fröhlich zu. Oft vergaß man sogar, das Kind rechtzeitig heimzubringen oder später auf dem Heimweg mitzunehmen!«

Die »Eifeler Kindtauffeier war (eben) ein echtes Weiberfest, bei dem Männer nicht zugelassen wurden, sie wurden verspottet, auch der Vater des Kindes« (Wrede).

Der Pate bildete allerdings eine rühmliche Ausnahme. Auch in der Wirtschaft gehörte er dazu. Seine Vorrangstellung kam ihn aber in der Regel teuer zu stehen. Dennoch empfand er sein kostspieliges »Amt« als eine Ehre.

»Wichtig ist die Wahl der Paten (Paht on Jod)«, schreibt Paul Krämer noch 1962 über Gerolstein-Lissingen, »da der Täufling angeblich ihre Charaktereigenschaften erben sollte. Das Patenkind erhielt meist das Taufkleid geschenkt und jedes Neujahrsfest ein Geldgeschenk oder den ›Neijoarswäk‹, bis es schulentlassen war. Dafür hatten früher die Paten das Recht, den Taufnamen mitzubestimmen. Ihre Auswahl war eng ... Oft war ein Taufheiliger in einer Familie doppelt oder dreifach vertreten. So nannte man dann zur Unterscheidung die Kinder: Niklas, Klos, Neiklos-Hännes und Johänn-Mättes, Theis und Mathes-Jakob oder Kobes-Tun und Kathrin-Ließ, Elß oder Ehliß-Bäb und Bärbel« (Krämer).

Die Hausfeier, das sogenannte »Kindessen« mit »Kaffeevisite« (Blankenheimer Land) oder die »Kannszopp« (Prümer Land), fand einige Wochen später statt, wenn die Wöchnerin »wieder auf den Beinen war«. Es handelte sich dann in Dahlem bei Kronenburg um »ein gemütliches Zusammensein der Tanten und Nachbarinnen ... Alle trugen in Form von Milch, Mehl, Butter, Zucker oder Eiern zu dem Gebäck bei. Männer wurden nicht zugelassen außer dem Vater und dem Paten des Kindchens. Unter Vortrag eines scherzhaften Spruches putzte eine der Frauen dem Paten die Schuhe, wofür er eine Flasche Wein oder Likör zu spendieren hatte. War unter den Frauen eine, die erstmalig an einem ›Kindessen‹ teilnahm, so wurde sie mit allerlei Zeremonien in die Reihe der Frauen und ›Möhne‹ aufgenommen. ›Einsetzen‹ hieß die Zeremonie, für die sich die ›Eingesetzte‹ durch eine Getränkespende bedankte« (Guthausen).

Für seine »Könner«, wie man im Hillesheimer und Gerolsteiner Land sagt, oder »Kanner« (Bitburger Land) tut der Eifeler alles. Den sichtbaren Auftakt dazu bilden die freudig-bewegten Bräuche bei der Kindtaufe, wenn es auch nicht mehr üblich ist, wie früher bei Langenfeld (Adenau), daß eine Frau, »die zum ersten Mal ein Kind zur Taufe begleitet, zuerst über einen Besen springen« muß (Wrede).

Am Tisch des Herrn / Erstkommunion

Viele Wochen haben sich die Erstkommunikanten eifrig im Beicht- und Kommunionunterricht auf das große Ereignis vorbereitet. Jetzt endlich ist der ersehnte Tag da. Immer noch gilt das Fest der »Ersten heiligen Kommunion« an »Weiß Ustere« (Weiße Ostern), wie man in der Eifel noch häufig statt Weißen Sonntag sagt, als das »Hochfest im Leben der Eifeler Kinder« (Wrede), auch wenn heute nicht mehr wie früher, unmittelbar danach die Schulentlassung folgt. Dafür brauchen die Kinder auch nicht mehr so lange auf die Erwachsenen neidisch zu sein, wenn diese während der Messe kommunizieren dürfen. Nun gehen sie in der Eifel schon mit 8 oder 9 Jahren zur Erstkommunion. Man wartet heutzutage nur so lange, »bis die Kinder in der gläubigen Familie Christus kennen und lieben gelernt haben und den Leib des Herrn von gewöhnlichen Speisen unterscheiden können«.

Nach gründlicher Vorbereitung wissen sie hinreichend Bescheid über die drei Sakramente – Taufe, Buße, Kommunion –, die für den Christen so wichtig sind. Nun werden sie »Vollbürger im Reiche Christi«. In der Nordeifel heißt es sogar auf eigens für diesen Tag gedruckten Schmuckschildern auf den Haustüren: »Das ist der schönste Tag meines Lebens.«

Vielfach ist es üblich geworden, die eigentliche Kommunion im engsten Familienkreis schon in der Abendmahlfeier des Gründonnerstags zu empfangen. Gewiß sind dann die Umstände für das Erleben des Kommunionkindes andere als in der Gemeinschaft der Gleichaltrigen am festlichen Morgen des Weißen Sonntags.

Der Weiße Sonntag, »nur« Schlußtag der Osteroktav, ist erst seit dem 17. Jahrhundert der Tag der Erstkommunionfeier. Schon damals entfaltete sich bei diesen Feiern »barocker Prunk« (Henrichs), der scharfe Kritik auslöste. Deren Zielscheibe ist heute weniger die kirchliche Gemeinschaftsfeier als vielmehr das anschließende weltliche Feiern mit Verwandten und Bekannten zu Hause. Auch in der Eifel wird es immer mehr Sitte, dafür geeignete Räume in einem Wirtshaus zu nutzen. So kommt es auf einem kleinen Eifeldorf mit 250 Seelen vor, daß in den zwei Wirtschaften am Ort am selben Tag sechs Kommuniongesellschaften in verschiedenen Räumen feiern. »Kommunion«, wie man abkürzend solche Feiern nennt, läßt man sich etwas kosten. Sie sind seit jeher in der Eifel recht willkommene Familienfeiern. Dazu läßt man sich auch nicht zweimal bitten. »So jung kommt man ja nicht mehr zusammen«, pflegten die Alten noch zu sagen. Das Kommunionkind selbst besucht vorher die Verwandten und Nachbarn und lädt sie ein.

Ein Sonderbrauch in der Eifel war noch vor wenigen Jahren die sogenannte Zweitkommunion. Die Kommunionkinder des Vorjahres gingen dann »noch einmal mit«. Sie führten dabei nicht nur die noch unerfahrenen Erstkommunikanten, sondern verstärkten auch ihr eigenes Gemeinschaftserlebnis. Auch daheim wurde das Ereignis noch einmal gefeiert, zumindest mit Kaffee und Kuchen, wenn auch nicht mehr so aufwendig und mit so vielen Gästen wie im ersten Jahr. Erst recht gab es dann keine Kommuniongeschenke mehr.

Vor 20 Jahren schrieb Wrede in seiner »Eifeler Volkskunde« noch mit lobendem Unterton: ». . . die städtische Unsitte, den Kommuniontag nach der kirchlichen Feier in erster Linie zu einem Geschenktag zu machen, hat sich in Eifeler Dörfern noch nicht durchgesetzt. Wesentlicher als Geschenke war früher eine gewisse höhere Beachtung, deren sich die Kommunikanten nach ihrem Kommuniontag erfreuten. Es war lange üblich, Kindern bei Tisch keinen eigenen Sitz einzuräumen und sie des Abends nicht mit den Erwachsenen zusammen am Tisch essen zu

lassen. Das änderte sich nach der Kommunionfeier; die Kommunikanten erschienen mehr und mehr mündig in der Familie.« Und das erst mit durchweg 14 Jahren.

Aber der eingetretene Wandel wird auch in einem anderen Bild, das mehr mit der Kleidung zu tun hat, sichtbar. »Bei der Feier der Erstkommunion trugen die Jungen früher meist ›e Kurres aus Ziames‹, eine kurze Jakke, in der Biedermeierzeit (Mitte 19. Jh.) wie die Alten ›e lange Rock‹, eine dreistöckige seidene Mütze, einen großen Halskragen (Vatermörder) mit einem dickgeknoteten seidenen Halstuch und Schaftstiefel. Später und noch in den ersten Jahrzehnten des 20. Jhs. trugen die Jungen einen schwarzen Anzug mit dreiviertellanger Hose, hohe Schnürschuhe und einen weichen Filzhut, an der linken Rockseite ein Myrtensträußchen. Wie die Jungen bei der Kommunionfeier früher der jeweiligen Männertracht entsprechend gekleidet gingen, so die Mädchen der Frauentracht gemäß. Südlich von Prüm gingen sie in einem fußlangen ›ziamesse Rock‹, in weißer Haube, mit Umstecktuch und einer schmalen grünen Schürze mit breitem geziertem Rand; später trugen die Mädchen in der Westeifel kurze schwarze Kleider, auf dem Kopf ein Kränzchen, an dessen Seiten ein weißer Schleier über die Schulter herunterhing« (Wrede).

Der Festcharakter der gemeinsamen Erstkommunionfeier erschien so unangefochten. Die besondere Festtagskleidung hat ihn nach außen immer mit unterstrichen, mußten auch in manchen Eifeler Familien damals mehr Opfer dafür gebracht werden, als heute.

In der Eifel gibt es noch etliche kinderreiche Familien mit einer großen Verwandtschaft, in der fast in jedem Jahr eine Erstkommunionfeier stattfindet. Die große Bedeutung dieses Ereignisses für die Menschen hier drückte eine Frau so aus: »Wann mer op Weiß Ustere kein Kommunion in dr Famellisch hät, meint m'r, m'r wör keine richtige Mensch!«

Schönste, Allerschönste, was hör ich? / Hillich-Verlobung

»›Dä Hillig‹ ist der Abend, bevor das Brautpaar ›en dr Kaaste kött‹« (Baales). So konnte man kürzlich in einer Eifeler Zeitung lesen. Der Leserbriefschreiber gab sich dankenswerte Mühe, den schönen Eifeler Brauch wieder bewußter zu machen. »Kaaste« meint den Schaukasten oder das Anschlagbrett für kirchliche Mitteilungen am Pfarrhaus oder an der Kirche.

Den Hillich feiert man in der Eifel durchweg am Samstagabend vor dem Sonntag der erstmaligen Verkündigung zum »Heiligen Stand der Ehe«, des ersten »Aufrufs« bzw. »Aufgebots« in der Kirche. Die Brautleute müssen dieses Aufgebot beim Pastor »bestellen«, wozu sie früher häufig, um nicht gesehen zu werden, den Eintritt der Dunkelheit abwarteten. Aber bekannt wurde der »Verspruch« doch sehr rasch und verbreitete sich in der Regel fast so schnell wie ein Lauffeuer. Der Aufruf in der Kirche erfolgt dann noch einmal an den beiden folgenden Sonntagen. In der Woche drauf findet entweder donnerstags oder samstags in der Kirche die Trauung statt, und anschließend wird – meistens im Hause der Braut, heute oft in einer Wirtschaft des Dorfes – die Hochzeit gefeiert.

In der Westeifel nennt man die Hillich- oder Verlobungsfeier auch »Wengkoff« (Weinkauf), womit früher allgemein wichtige Rechtsgeschäfte bekräftigt und »gefeiert« wurden. Ein anderer Ausdruck lautet »Handstreech« (Handstreich, Handschlag); er erinnert an ein weiteres Zeichen des nach-

drücklichen Eheversprechens. Die Hillichfeier hat für die Brautleute auch noch eine
weitere Bedeutung. Sie scheiden dann als
Braut aus dem dörflichen »Rosengarten« und
als Bräutigam aus dem »Salditschen« (Westeifel), »Jelooch« (Nordeifel und Ahrgegend)
oder wie immer sich Jungfrauen- und Jung-
gesellenvereinigungen verstehen, aus. Inso-
weit ist der aktive Anteil der heiratsfähigen
Jugend an der Hillichfeier besonders gut zu
verstehen.

Zum Hillich, dem Eifeler Verlöbnis als offi-
ziellem Eheversprechen, gehören also mindestens Braut und Bräutigam. Nicht immer
fand sich früher in der Eifel die zweite Person
so schnell wie heute. Der »Heiratsmarkt«
reichte ja noch nicht so weit übers Heimatdorf hinaus, schon, weil nicht so viele hei-
ratsfähige junge Leute auswärts beschäftigt
waren, erst recht, wenn mit dem Partner auch
eine hohe Mitgift erwartet wurde. Wohl den
Bauersleuten, die dann sagen konnten: »Usen
Alsten (unser Ältester) as nau och bestaat (ist
nun auch bestattet, verheiratet) . . . Hen as
(er ist) an (in) e jut (reiches) Haus kun (gekommen). Se hoan en staats Haus, jruß Ställ
voll Vieh, en jruß Scheier. Se hoan zwee Poar
Uassen (Ochsen) am Jespann on en jruß Mest
(Misthaufen) fir de Dir (Tür im Hof)« (Wrede). Solche kalkulierten »Ehebündnisse« be-
durften oft eines erfahrenen Vermittlers. Man
nannte ihn »Hillichsmaan« oder »Hillichmä-
cher«.

Der Hillichmacher war meist dem Freier,
von dem er seinen Auftrag erhalten hatte,
sowie den Eltern der Umworbenen als
Hausierer oder fahrender Spielmann bekannt
und vertraut. Als Vergütung erhielt er für
seine wichtige »diplomatische« Mission sowohl Getreide (einen Malter Roggen und
Hafer) als auch Geld (fünf bis zehn Taler).
Wo die Verhältnisse weniger wohlhabend
waren, begnügte er sich als Entschädigung
für seine »Minnedienste« auch mit einer »pa-
zelenge Bocks« (porzellanenen, also weißen
Leinenhose), wie in Speicher, oder mit einer
»rut Bocks« bzw. mit einem »rude Rock«,

wie im Prümer Land. Ein solch eheanbah-
nender Hillichmann gehört heute verständlicherweise zur Kategorie der ausgestorbenen
Berufe.

Ebensowenig gelten heute noch für das Zu-
sammenkommen eines Brautpaares solche
ländlich-sittlichen und gut gemeinten Rat-
schläge der Alten, wie: »Hierot net övve de
Meß (über den Misthaufen, Hof), dann weste
(weißt du) och, watte (was du) kreß
(kriegst)«, oder: »Weä wegge (wer weiter)
jeht wie Klockeklang, dää wiet (der wird) et
bereue all se Levve lang« (Wrede). Aber immer noch befolgt man ungebrochen – bewußt
oder unbewußt – auf dem Eifeldorf den alten
Grundsatz: »Jung gefreit, hat nie gereut.«
Nach wie vor mögen sich in der Westeifel die
Alten dabei sagen: »Bestoaden as en Zonk
om de Flappes« (Bestatten, heiraten ist ein
Zaun um denjenigen, der zu Torheiten neigt)
(Wrede). Nicht überall in der Eifel ist man
jedoch, wie im Kreis Cochem, der Ansicht:
»En Appel noh Uustere (Ostern) un e Mädche noh 18 Joar (Jahren) hon ihre beste Je-
schmack valoa (verloren).«

In Dahlem (Kronenburger Land) hing früher
– nach einem Schmunzelbrauch – die Hei-
ratsfähigkeit eines Mädchens davon ab, ob es
ihm schon gelang, von dem großen Bauern-
brot gleichmäßige Schnitten abzuschneiden.
Weil es damals noch keine Brotmaschinen
gab, mußte das Mädchen das Brot beim
Schneiden gegen die Brust halten, was nicht
immer einfach war (Guthausen). Dort machte es auch keinen besonders guten Eindruck,
wenn ein Dorfjunge ein ortsfremdes Mädchen heiratete. Das wurde ihm als Schwäche-
zeichen ausgelegt, »als hätte er keine Einheimische bekommen können« (Guthausen).
Bewegt sich der Freier über das Kronenburger Land hinaus in das mittlere Kylltal, so hat
er dort – heute noch – mit einem anderen
Ungemach zu rechnen. Spätestens, wenn er
hier zum Poussieren am zweiten Sonntag
auftaucht und die Dorfburschen die amourö-
sen Absichten des Fremden und Eindring-
lings in ihr Revier durchschaut haben, wird

Hillichschleifen 147

er von ihnen »jeströpp«: Er muß einen Trunk spendieren. In Niederbettingen an der Kyll überlassen die Burschen das Ströppen im Schaltjahr den heiratsfähigen Mädchen. In Lissingen (Gerolstein) »kret« der fremde Freier »de Hut jeleft« (den Hut gelüftet, abgezogen) (Krämer).

Wehe ihm, wenn er dann nichts »springen« läßt. Dann kann es ihm blühen, daß er kurzerhand »jereisert« (verdroschen) wird. Danach läßt man ihn laufen.

Am Hillichabend wiederholt sich das Handaufhalten der heiratsfähigen Dorfburschen in gehobener Form. Diesmal erbringen sie zuerst beachtliche musikalische und poetische Vorleistungen eigener Art.

Bei Anbruch der Dunkelheit ziehen sie geräuschvoll vor das Haus der Braut, versammeln sich hier und singen ein Abschiedslied, wie etwa das folgende:

> »Schönste, Allerschönste, was hör ich von dir?
> Du tust Dich heiraten, wie schwer fällt das mir,
> du tust dich heiraten, wie schwer fällt das mir« (Wrede).

Dann, nachdem zwei mitgebrachte Karren- oder Wagenräder aufgebockt worden sind, so daß die Räder sich frei drehen lassen, werden etliche Blecheimer, Kessel, Kannen, Dosen und vor allem eine alte Sense als Musikinstrumente gezückt. Ein wahres Katzenkonzert hebt an. Bei dem fürchterlichen Heulen, Jammern und Kreischen der Burschen, das die »Instrumentalmusik« begleiten, können sich auch Hunde und Katzen der Nachbarn beteiligen. Das Hillichschleifen ist nun in vollem Gange. Allein die an die eisernen Radreifen wie an einen Schleifstein gehaltene Sense macht einen ohrenbetäubenden Lärm; daher auch der Ausdruck für die ganze schaurig-schöne Szene. Die Dorfburschen bringen so mit kleinen Pausen dreimal hintereinander ihren ganzen Katzenjammer und ihr buchstäblich heulendes Elend über den Verlust einer schönen Blume aus dem dörf-

lichen Rosengarten zum Ausdruck. Dieser Kummer ist dann anschließend nur noch in einer gehörigen Portion »Hülbier«, wie man im Kreis Ahrweiler sagt, zu ertränken. Noch andere Tröstungen gelten für den Fall, daß der Bräutigam ein Ortsfremder ist. Dann hat er bei seinem an das Konzert anschließende Auftreten zunächst eine Vergütung zu entrichten: Den »Joram« oder die »Jür« (von Jura = Rechte, Gebühren). Weigert er sich oder hält er zu sehr die Hand auf sein Portemonnaie, so bereiten ihm die Dorfburschen ein »Schariwari«. Das ist ein Lärmkonzert nach allen Regeln dörflicher Kunst, so lange, bis der Bräutigam nachgibt, um seine Ruhe zu haben.

Für eine anständige Jür bedankt sich die versammelte Burschenschar wieder durch ein Lied. Diesmal heißt es in der Regel sinnigerweise: »Mein Augentrost«:

> »Schönster Schatz, mein Augentrost,
> Hast mich vergessen,
> Hast mir all dein Treu versagt,
> Hast mir mein Herz so schwer gemacht,
> Hast meiner ganz vergessen« (Wrede).

Die Braut, die sich mit ihrem Gespons, manchmal etwas verlegen, dem »Orchester« zeigt, reicht zur Stärkung das Hillich-Brot, damit die Burschen nicht mit leerem Magen in die Dorfwirtschaft ziehen müssen, um dort den Hillichtrunk zu genießen. Werden sie dagegen vom Bräutigam gebeten, ins Haus einzutreten, spricht ihr »Chef« einen Hillichspruch, der den Glückwunsch der Jungen bekunden soll, aber ausdrücklich nur »Forderungen« enthält. Es heißt dann:

> »Wir haben soeben vernommen,
> Es sei ein fremder Junge in unsern Rosengarten gekommen.
> Und habe uns die schönste Jungfrau und Rose genommen.
> Dafür fordern wir,
> Was uns von unserm Kaiser und König anerkannt worden ist,

Nämlich 2¹/₂ Dutzend Kronentaler und
soviel Schinken und Braten,
Als dieser Tisch wird tragen,
Und soviel Bier und Wein,
Als im Rhein Wasser wird sein,
Oder besser gesagt: 20 Mark und 2 Liter
Schnaps« (Wrede).

So ist es vor allem Brauch in der Hocheifel
am Fuß der Hohen Acht, in Siebenbach und
Welschenbach. Der Anführer der Truppe
stößt dabei zum Schluß mit seinem kunstvoll
gestalteten Hillichstab auf den Boden, wobei
die ihn begleitenden Burschen seine Worte
durch ein »Rampes, Stampes, Amen« bekräf-
tigen.

Damit ist zwar für Braut und Bräutigam im
wesentlichen der Hillichabend, jedoch noch
keineswegs die Hillichnacht zu Ende. Deren
glücklicher oder auch weniger günstiger Verlauf und Ausgang zeigt sich erst als Bescherung am nächsten Morgen, wenn dem Altschatz zusätzlich ein Strohmann oder eine
Strohpuppe auf das Dach seines Hauses oder
an einer markanten Stelle des Dorfes gesetzt
worden ist – oder nicht. Ein anderer Brauch
mit der gleichen Spottbedeutung ist das
»Pfadmachen«. Vom Hause der Braut führt

dann zum Altschatz im Dorf oder – wenn
dieser ein Ortsfremder ist – an den entsprechenden Dorfausgang eine »Kaaf-Spur«
(Häckselpfad). Solche Pfade aus leeren Korn-
hülsen oder Strohfiguren schaffen dann recht
anschaulich klare Verhältnisse, so daß jeder
weiß, woran er mit dem andern ist. »In dem
Streuen von ›Kaaf‹ etwa ein ursprüngliches
Zeichen zur Bewirkung der Unfruchtbarkeit
zu erblicken, geht aber«, so Wrede, »entschieden zu weit.«

Ein anderes »neckisches Strafspiel« (Wrede)
wie Strohpuppe und Pfadmachen wurde nach
dem Hillich, aber bei Tageslicht, getrieben:
das Körben des sitzengebliebenen Schatzes.
Der Brauch war noch Mitte des vergangenen
Jahrhunderts lebendig und ging so vor sich:
»Dem verlassenen Burschen stülpen die
Mädchen, dem enttäuschten Mädchen die
Jungen einen bodenlosen Korb über den
Kopf; die Ärmsten mußten ganz durch den
Korb durch bis unten hin und wurden nicht
eher losgelassen, bis sie eine Spende gaben.
War die erfolgt, wurden sie mit Besen abge-
kehrt« (Wrede). Eine gewiß recht harte
»Bußgeldordnung«, auf die man heute nicht
grundlos verzichtet.

Was Gott verbunden, darf der Mensch nicht trennen / Hochzeit

Eine Eifeler Hochzeit war früher ein halbes
Dorffest. Bis sie zum Schluß »begraben«
wurde – wie in Sehlem bei Wittlich – oder bis
man »die Läus verbrannte«, waren gewöhnlich drei, manchmal vier Tage vergangen.
Heute ist das in mancher Hinsicht anders.
Aber immer noch wird vielfach zur Hochzeit, die man im Hause der Braut hält, »aus
den Zimmern alles ausgeräumt«. Die Schrän-
ke stellt man, wo noch möglich, in die Scheune. Das schafft Platz für die vielen Hochzeitsgäste, die beim Schmausen und Schwätzen natürlich gut sitzen wollen. Wenn das

nicht reicht, verlegt man die Hochzeitsfeier
in die Dorfwirtschaft.

Für Braut und Bräutigam fängt mit dem Ein-
laden der Gäste, die zur Hochzeit »gerufen«
sein wollen, die eigentliche Arbeit an. Früher
halfen dabei Verwandte und gute Freunde.
Die Braut beauftragte mit der Botschaft –
jeweils getrennt für Verwandtschaft und
Freundeskreis – einen besonders vertrauten
Verwandten bzw. eine Freundin. Der Bräutigam verfuhr mit der Einladung »seiner Seite«
ähnlich. Die »Zuständigkeiten« waren also
genau abgegrenzt. Heute übernimmt das

Brautpaar die nicht immer leichte Bürde des Einladens selbst.

Zu den Gästen, die am Heimatort wohnen, gehen beide zusammen. Bei Einladungen auswärtiger Gäste, zu denen man erst hinreisen muß, bloßes Hinschreiben genügt nicht, heißt die Parole »Getrennt marschieren . . .!« Allerdings nicht als taktischer Grundsatz nach Feldmarschall Schlieffen, sondern nach alter Väter Sitte. Diese lautet so: Zwischen Hillich (Verlobung) und Hochzeit sollen Brautleute nicht miteinander auf andere Orte reisen oder gar unter einem Dach wohnen. Sonst stünde ihnen Ungemach bevor (Schmitz).

Dieser alte Glaube hat natürlich in unserer modernen und mobilen Zeit auch schon manche Federn gelassen. Schon aus praktischen Gründen ist seine Einhaltung teilweise nicht mehr gerade einfach. Heute besuchen Freier ihren Schatz im Nachbardorf kaum ohne eigenes Auto. Auch Reisen, die früher noch einen ganzen Tag Zeit beanspruchten, sind nun meist in einem knappen Stündchen erledigt. Wenn nur der Bräutigam den Führerschein besitzt, fährt er die Braut kurzerhand zu den auswärts wohnenden Verwandten. Keiner findet etwas dabei. Der zweite Teil der Regel läßt sich besser befolgen und wird auch eingehalten.

Die Zahl der geladenen und erscheinenden Hochzeitsgäste ist nach wie vor erstaunlich groß. An eine »Hundertschaft« reicht sie bequem heran, oft gar darüber hinaus. Früher betrug sie in der Mitteleifel manchmal über 300 Personen (Eich). Ohnehin zählen Verwandte – früher bis zum vierten Grade – einschließlich Vettern und Kusinen (in Dahlem bei Kronenburg allerdings nur »die ältesten unverheirateten Vettern des Bräutigams und die Kusinen der Braut«, Guthausen) gleichsam zu den »Stammgästen«. Brautführerin und Brautführer – früher gab's nur letztere – aus der Verwandtschaft oder dem Freundeskreis sind schon »von Amts wegen« bei der Hochzeit vertreten. Und ohne die engere Nachbarschaft, die bei jeder Gelegenheit an Werk- und Feiertagen bereitwillig hilft, ist auf dem Eifeldorf sowieso kein Gemeinschaftsleben möglich. Sie wird zur Hochzeit »doppelt gerufen«. Aber auch die »heiratsfähigen Mädchen« und die »Jrußen Jungen des Heimatortes« (Wrede) gehören zur Schar der Geladenen. In Lissingen bei Gerolstein sind das die »Schuljahrgänge des Brautpaares« (Krämer), in Dahlem waren die »Altersgenossen des Brautpaares« nur bei »großen Hochzeiten« (Guthausen) zu Gast. Bei so viel Teilnehmern kommt dann schnell ein vielseitiges und lustiges Völkchen zusammen, dem nach den Feierlichkeiten rund um das »Brautamt«, so nennt man die Brautmesse in der Kirche, die Zeit als Hochzeitsgesellschaft keineswegs lang wird. Die »sinnreichen Köpfe« der Eifeler (Sebastian Münster) verstehen sich dann nicht nur auf den Genuß der Tafelfreuden beim Hochzeitsschmaus, sondern auch auf allerlei Spiele und Scherze, Schwätzchen und Tänze, die für Pläsier und Kurzweil sorgen. Sie wollen dann auch – nach sonst durchweg harter Arbeit – das Leben einmal richtig genießen. Alle bringen auch ein ansehnliches Hochzeitsgeschenk mit oder steuern sonstwie zur Hochzeit bei. Kein Wunder, daß von solchem fröhlichen Feiern möglichst viele als Gast etwas haben wollen. Das macht dem Brautpaar die Auswahl nicht eben leicht und garantiert auch nicht immer einige Tage später freundliche Mienen der Nichteingeladenen. »Nach altem Herkommen berechtigt zu sein, aber nicht eingeladen zu werden, kränkt und beleidigt den Stolz des Eifelers« (Wrede).

Im Grunde spiegelt diese Haltung viel Sinn und Treue für Sitte und Brauch wider. Wohl nimmt die Kenntnis solcher Berechtigungen »nach altem Herkommen« angesichts der heute zunehmend sich mischenden Bevölkerung auch auf dem Eifeldorf eher ab statt zu. Schon das hat Veränderungen zur Folge.

Daß so große Feste wie eine Eifeler Hochzeit umfangreiche Vorbereitungen erfordern, insbesondere für Küche und Vorratskammer, versteht sich von selbst. Die Speisen fürs

Hochzeitsmahl liefern in der Regel die Eltern der Braut. Sie »geben die Hochzeit«. Bei Bauernhochzeiten ist es üblich, daß dazu ein junger Ochse geschlachtet wird. Schinken und Rauchfleisch sind ohnehin da. Der Bräutigam sorgt aber für die »geistigen« Getränke: vor allem für Branntwein und Bier, immer häufiger auch für Wein.

Wenige Tage vor dem Fest setzt das große Backen ein: zunächst Fladen, Fladen und kein Ende. Früher geschah das im eigenen Steinbackofen, der ans Haus angebaut war, und unter tatkräftiger Hilfe der Nachbarn, die auch ihr »Backes« zur Verfügung stellten. Heute backt man häufig nur noch zum Teil im eigenen Elektrobackofen, weil der Bäcker vom größeren Nachbarort gerne einen Großauftrag übernimmt. Wenn bei den süßen Sachen auch nach wie vor die leckeren Eifeler Fladen mit viel Griesbrei, Apfel-, Pflaumen- und Aprikosenmus überwiegen, fehlen feine Spezialitäten anderer Gegenden, wie »Schwarzwälder Kirsch«, »Eissplitter-«, »Erdbeer-« und »Kirschtorte mit Sahne« sowie Cremetorten jeden Geschmacks und Käsekuchen heutzutage auf keiner festlichen Kaffeetafel. Es ist Ehrensache der Hausfrauen, daß beim Gebäck nicht an Vollmilch, Butter und Eiern gespart wird.

Mehr aber noch als die hohe Qualität des »süßen Zeugs« beeindruckt die enorme Menge des zur Hochzeit Gebackenen. Sechs bis sieben Zentner Mehl, die auch der Bräutigam beschaffen muß, reichen dazu nicht immer aus. »Die geradezu unheimliche Anzahl der fast handhohen Fladen erklärt sich auch schon daher, daß das Brautpaar nicht die Schande haben will, zuwenig gebacken zu haben« (Eich).

Ähnliches gilt auch für die Getränke, die bei der Hochzeit »aufgefahren werden«. »Fünfzig bis sechzig Liter Branntwein oder einige Fässer Bier sind erforderlich, um die trockenen Kehlen anzufeuchten« (Eich). Auf einer Eifeler Hochzeit wird schon was »weggeputzt«. »Ganze Berge verschwinden, aber die Vorräte scheinen schier unerschöpflich zu

sein« (Eich). Von Knauserigkeit keine Spur. »Hochzeit ist ja nur einmal im Leben.«

Natürlich wird vor der Hochzeit im Haus der Braut auch gründlich Hausputz gehalten wie kaum je zuvor. Vielfach ist es üblich, daß die Dorfmädchen am Abend vorher die Tür des Hochzeitshauses mit Kränzen und einem Schild schmücken. Darauf steht dann zu lesen: »Gott segne das Brautpaar« (Eich).

Der eigentliche Hochzeitstag ist meist ein Samstag, mitunter auch ein Donnerstag. Früher galt der Samstag als beliebter Tag der Muttergottes. In der Westeifel heißt ein alter Wetterspruch: »D as (es ist) ke Samstich (Samstag) asou triev (trüb), d Sonn schengt (scheint) dr Moder Joddes noch e Stenchen (Stündchen) zu liev« (Wrede). Alle wünschen dem Brautpaar zur Hochzeit schönes Wetter. Ist das Wetter aber schlecht, sagt man, die Braut habe die Katze nicht gut gefüttert.

Wo eine Junggesellengruppe sich an der Gestaltung des Festes beteiligt, wird der Hochzeitsmorgen vielfach mit Freudenschüssen eröffnet. Nicht nur im Brauthaus wächst dann die spannungsvolle Erwartung, sondern auch im ganzen Dorf, zumindest in den Häusern, an denen der Brautzug vorbeikommt. Während die Braut noch mit dem Richten des langen weißen Hochzeitskleids beschäftigt ist (früher war es ein schwarzes aus Seide) oder das Brautkränzchen mit dem Schleier (früher »Brautkrone« oder gar »Muttergotteskrone«) ins Haar gesteckt bekommt, hat sich der Bräutigam draußen, kommt er von auswärts, zunächst aus seiner »Gefangenschaft« durch Zahlen eines angemessenen Lösegeldes zu befreien.

Vor der Haustür des Brauthauses muß er erst drei Rätsel lösen und dann eine mit Stroh umwickelte Kette durchschlagen, um sich so den Weg zu seiner Braut am Hochzeitsmorgen regelrecht freizukämpfen. Das treibt die ersten Schweißperlen ins weiße Hochzeitshemd, das früher noch von der Braut aus feinem Linnen genäht wurde, heute aber, mit Rüschenbrust, im Fachgeschäft gekauft wird. Das Myrtensträußchen am linken Rockauf-

schlag des schwarzen Anzugs sowie die schwarze »Fliege« (kleine Krawatte) werden kurz zurechtgerückt. Die Braut nimmt ihren Brautstrauß aus Rosen oder Goldbandlilien zur Hand, die Brautführer treten an ihre Seite, und die bereits eingetroffenen Gäste sammeln sich und stellen sich hinter Braut und Bräutigam zum Kirchgang auf.

Den Hochzeitszug führt ein kleines Mädchen, das Vorbräutchen, mit der Hochzeitskerze an. »Starkes religiöses Empfinden wollte es früher, daß das Brautpaar vor dem Auszug aus dem Haus zur Kirche an der Schwelle niederkniete und der Eltern (Verzeihung und) Segen oder des nächsten Verwandten empfing, unter einem Gebetsspruch der Hochzeitsleute« (Wrede). Vielfach erteilten die Eltern den Segen auch erst nach der Trauung, bevor die Brautleute wieder ins Haus eintraten. Das junge Ehepaar kniete dabei auf einem Kissen vor der Haustüre nieder (Schmitz).

In der Kirche leitet »der Brautführer . . . die Braut an der Spitze des Zuges, gefolgt vom Bräutigam mit der Brautjungfer, an den Altar zu den Betstühlen. Während der Messe wird die Trauung feierlich vollzogen« (Krämer). Der Priester fragt nun nacheinander, zuerst den Bräutigam, dann die Braut, nach ihrer »Bereitschaft zu einer christlichen Ehe«. Dann segnet er die auf einem Tablett liegenden Ringe, bittet die Brautleute, »jetzt vor Gott und der Kirche den Bund der Ehe« zu schließen, das »Vermählungswort« zu sprechen und einander »den Ring der Treue« anzustecken. Der Bräutigam nimmt den Ring der Braut und spricht zu ihr: » . . ., vor Gottes Angesicht nehme ich dich an als meine Frau.« Er steckt ihr dann den Ring an die rechte Hand und spricht weiter: »Trag diesen Ring als Zeichen der Liebe und Treue. Im Namen des Vaters und des Sohnes und des Heiligen Geistes.« Die Braut wiederholt nun diese feierliche Zeremonie gegenüber ihrem Bräutigam. Wenn ihr spätestens jetzt einige Tränen kommen, ist das nicht weiter schlimm. Ein altes Eifeler Sprichwort sagt

nämlich: »Die Brauttränen müssen gekrischen werden; die Braut, die sie nicht vor der Hochzeit kreischt, muß sie danach kreischen.«

Danach bittet der Priester die Brautleute: »Nun reichen Sie einander die Hand.« Zur Bekräftigung legt er die Stola und seine Rechte darauf und spricht die schwerwiegenden Worte: »Was Gott verbunden hat, das darf der Mensch nicht trennen.« Brautsegen und Fürbitten beenden die Trauung. Feierlich erklingt die Orgel. Vor Gott und den Menschen sind die Brautleute nun »Mann und Frau«.

Früher maß man gewissen Vorgängen am Rande des kirchlichen Brautamtes noch eine tiefere Bedeutung bei. »Eine während der heiligen Handlung erlöschende Kerze kündige baldigen Tod, frühes Sterben eines der Brautleute an, so glaubte man. Erlischt an jeder Seite des Altares eine Kerze von selber, so sterben beide Brautleute recht bald. Brennen die Kerzen nicht hell während der Hochzeitsmesse, dann trifft viel Kreuz und Leid die Brautleute im Ehestand« (Wrede). Ebenso erzählt man, daß früher Braut und Bräutigam am Altar mit dem Aufstehen gezögert hätten, weil derjenige, der zuerst aufstand, auch später im Haushalt morgens zuerst raus müsse, etwa um das Feuer anzumachen.

Es war Sitte, dem Priester ein feines Leinentüchlein als Geschenk auf den Altar zu legen. Daß nach der Trauung die Brautführer noch in der Kirche wechselten und einer von ihnen die Braut draußen vor der Kirchtüre dem Bräutigam mit einem Glückwunsch »übergab«, ist schon lange nicht mehr üblich. Die Braut verläßt am Arm des Bräutigams die Kirche.

Wurde die Trauung nicht am Heimatort in der Kirche vorgenommen, so fingen die Dorfburschen den Brautzug unterwegs durch ein über die Straße gespanntes Seil oder durch Stangen ab. Gegen ein Lösegeld ließen sie das Brautpaar passieren. Vielfach geschah das auch erst vor dem Hochzeitshause.

Nächster Höhepunkt der Hochzeit ist nach wie vor der reichhaltige und ausgesuchte Hochzeitsschmaus zu Mittag. Nach heutiger Tischordnung nimmt das frisch getraute Paar daran von Anfang an teil und erhält am Tisch zwischen den Eltern den Ehrenplatz eingeräumt. Früher kam es später zu Tisch. Das war besonders riskant für die Braut. Sie war dann in der Zwischenzeit in erhöhtem Maße der Gefahr des »Brautraubs« durch die Dorfburschen ausgesetzt. Das geschah besonders leicht, wenn der Brautführer schlecht aufpaßte. Das Stehlen und Verstecken der Braut war überhaupt ein beliebter Brauch. Ebenso oft und gerne stahl man der Braut, selbst wenn sie schon zu Tisch saß, einen Schuh oder das Brautglas. Das Brautpaar war nie vor kleineren Überraschungen sicher. Die Hochzeitsgesellschaft hatte natürlich ihren Spaß dabei.

Nach dem Kaffee macht auch heute noch die ganze Hochzeitsgesellschaft ihren Gang durch das Dorf. Wo noch ein Pfarrer am Ort wohnte, galt diesem der erste Besuch des Brautpaars. Das Vorbräutchen mußte ihm einen extra fein gebackenen Kranz überreichen. Vielfach schloß sich auch ein Besuch bei den Kranken des Dorfes an. Eine Kochfrau hatte dazu einen Korb voll Fladen und eine Kanne Kaffee mit dabei. In der Wirtschaft kehrte man ein, schon um den hier anwesenden nichtgeladenen Dorfbewohnern einen »Brauttrunk« zu spendieren, aber auch, um nach der Musik einer Ziehharmonika zu tanzen, wenn das nicht daheim geschah.

Daheim »arbeitet« man nach dem Rundgang durchs Dorf die beim Hochzeitsschmaus und beim Kaffee erworbenen Pfunde durch fleißiges und vergnügtes Tanzen wieder ab. Auch mancher ältere Teilnehmer der Gesellschaft versucht dann zu zeigen, was noch in ihm steckt. Das vollzieht sich meist auf der Tenne, wenn nicht, wie heute zumeist, in einer Wirtschaft. Ein Extrawalzer für das Brautpaar eröffnet die ersehnte Belustigung. Die Braut muß natürlich, ebenso wie der Bräutigam, mit jedem einmal tanzen, der sie »ab-

klatscht«, auch wenn sie in dieser Viertelstunde mächtig hinter Atem kommt. Auf den Bräutigam haben es währenddessen die heiratsfähigen Jungfern abgesehen. Früher tanzte man auf der Eifeler Hochzeit allgemein nur den Rei (Reigen), heute überwiegt dagegen der Paartanz mit Polonaisen als Einlagen.

So vergeht der erste Hochzeitstag bis zum Abendessen, das wegen seiner Fülle wieder kaum zu schaffen ist. Dafür gibt es aber »Mitesser«, die im Dunkeln bleiben. Dennoch wissen die Leute in der Küche Bescheid, wenn plötzlich draußen am Fenster an einer langen Stange ein Korb auftaucht, der auf einem Zettel eine »Botschaft« an den Bräutigam mit einem entsprechenden Appell an dessen Großherzigkeit enthält. Dieses »Streppen« ist sowohl im Prümer Land wie auch an der mittleren Kyll bekannt. Kein Korb geht dabei leer zurück.

Nicht ganz bis zum Morgen muß das junge Brautpaar beim geselligen Tanz mithalten. Früher war es Brauch, daß man beim Glockenschlag zwölf der Braut Kranz und Schleier abnahm und eine Haube (in Dahlem »Schlafmütze«) aufsetzte. Den Bräutigam erleichterte man um sein Myrtensträußchen und zog ihm eine Zipfelmütze an, zumindest ein an den vier Enden geknotetes Taschentuch. Außerdem drückte man ihm eine Pfeife in die Hand. Mit einem nachfolgenden dreimaligen »Hoch auf das Brautpaar« war die »Haubung« vollzogen. Es hatte nun auch den »weltlichen« Übergang vom Braut- in den Ehestand geschafft.

Wenn das junge Paar aber glaubte, leise dorthin verschwinden zu können, wo es sich nun hingezogen fühlte, war besondere Vorsicht geboten. Auch heute noch! Das Bettgestell steht nur scheinbar auf festen Füßen. In der Regel sind einzelne Teile ausgeklinkt. Ist das behoben, widerfährt der Braut zwar nicht das Schicksal der Prinzessin auf der Erbse, aber wie oft ist eine Distel unauffällig unterm Bettlaken versteckt! Damit anschließend nicht auch noch das Haus zusammenbricht, haben pfiffige Scherzbolde frühzeitig genügend Balken herangeschleppt und die Hauswände von außen gegen eventuelle Beben hinreichend abgestützt. So »hält das Haus die Liebe aus« (H. Meyer). Dieser spaßige Brauch kam noch 1979 in Kronenburg zu seinem Recht. Im Kronenburger Umland ist er als »Häuserstippen« bekannt, das stets mit leichtem Augenzwinkern erwähnt wird.

Spätestens am dritten Tag sehnen sich auch die unentwegten Gäste wieder nach anderem Tun. Heute nehmen sich die Berufstätigen meist einen kurzen Urlaub für eine Hochzeit. Früher genoß man ein solches Fest gerne länger.

Der Ausklang der Eifeler Hochzeit war eine Art Kirmes im Kleinen. Die Hochzeit wurde vor dem Dorf begraben. Das geschah meist draußen auf einer kleinen Anhöhe. Mit Musik zog die Hochzeitsgesellschaft, soweit sie noch durchgehalten hatte, dorthin. Alle riefen gut gelaunt: »De Löus mooßen verbraant jen (werden)« (Wrede). Die Burschen schleppten dazu etliche Bauschen Stroh herbei. Das war für den Haufen bestimmt, den sie zum »Begräbnis« der Hochzeit mit ihren

Pistolen in Brand schossen. So war das Pistolenschießen auf der alten Eifeler Hochzeit von Anfang bis Ende mit dabei. Ein Waffenschein war dazu noch nicht nötig. »In das aufflammende Feuer wurde Salz geworfen. Die Hochzeitsgäste, Männer und Frauen, bildeten einen Kreis und sprangen im Reigen . . . oder einzeln in den wetteifernden Sprüngen um das Feuer. Hüte wurden geschwungen, Rock und Schürzenzipfel in die Hand genommen, Schnapsflaschen gereicht und unablässig Schüsse ins Feuer gerichtet. Die Belustigung dauerte bis zum Erlöschen des Feuers; in Malbergweich nannte man den Brauch ›de Flih, de Fleh‹ (Flöhe) verbrennen« (Wrede). So gab es auf der Eifeler Hochzeit lustige Überraschungen bis zum Schluß.

Wo heute die Jungvermählten in der Eifel eine Hochzeitsreise antreten, ist es vielfach üblich, den Brautstrauß, der vorher die Hochzeitstafel geschmückt hat, zur Kirche zu bringen und am Marienaltar niederzulegen (U. Meyer). So wird auch die Muttergottes in das junge Eheglück einbezogen.

Für eine glückselige Sterbestunde / Sieben Fußfälle – Sterben

Wir wissen weder den Tag noch die Stunde, da wir sterben müssen. Wir wissen jedoch, daß der Tod keinen Menschen verschont. Keine Tatsache der Welt zeigt so deutlich, aber auch so unerbittlich die kreatürliche Abhängigkeit eines jeden, ob hoch, ob niedrig, ob reich, ob arm. Alle Kulturvölker haben sich seit jeher Gedanken gemacht über das, was danach kommt. Etliche vorchristliche Grabbeigaben, die auch in der Eifel gefunden wurden, beweisen das. Für einige Philosophen sind Sterben und Tod eine Grenzsituation im Leben des Menschen, gleichsam das Gegenstück zu seiner Geburt. Für andere

kommt nach dem Sterben mit dem Tod das große und düstere Nichts. Dem religiösen Menschen, der sich Gott, dem Schöpfer des Alls, »rückverbunden« fühlt, bedeuten Sterben und Tod Weiterleben in anderer Form als der irdischen, so für den Christen »Heimgang zum ewigen Vater im Himmel«, also gleichsam Durchgangsstation vom natürlichen zum übernatürlichen Leben. Das natürliche Leben währt die kurze Zeitspanne zwischen Geburt und Tod; das übernatürliche Leben ist das Ewige Leben. So hat es Christus selbst verheißen. So betet es der Christ in seinem Glaubensbekenntnis.

Das Sterben kann den Menschen unerwartet treffen, etwa durch Herzversagen. Es kann ihm aber auch das schwerere Kreuz längeren Leidens auferlegen. Manch einer bricht plötzlich bei der Arbeit zusammen, stirbt also – wie man früher sagte – in den Sielen. Viele sterben heute als »Opfer des Straßenverkehrs« den Unfalltod. Eine große Zahl von Menschen erlebt die Sterbestunde im Krankenhaus, wenn dort die erhoffte Heilung der Krankheit nicht mehr zu erreichen ist. So geschieht es nun auch immer häufiger in der Eifel.

Mit ortsnahen Krankenhäusern ist sie heute vorzüglich ausgestattet. Das erklärt zum Teil, warum hier nicht mehr so viele Menschen wie früher in ihrer stillen Kammer daheim auf dem »Sterbelager« ihr letztes Stündlein erwarten. Früher war gerade dies die Regel, ein häufig sehr qualvoller Tod, für den Leidenden und Sterbenden selbst, aber auch für die Angehörigen, deren Obhut und Fürsorge der Sterbende ja anvertraut war, bei denen aber der Alltagsbetrieb weitergehen mußte. Da ein solch typisch menschliches Geschick aber jeden Dorfgenossen irgendwann ereilte, trug man es sozusagen als reihum wanderndes Kreuz durchweg mit Geduld und gottergeben, bis der Sterbende von seinem Leiden »erlöst« war. Handelte es sich dabei um einen jüngeren Menschen, gar um den Ernährer der Familie, war die bange Sorge und Angst vor dem, was danach kommt, verständlicherweise größer als alle Geduld.

Die Nachbarschaft – nach damaliger Sitte wußte man noch genau, wieviele und welche Häuser dazugehörten – half bei Besorgungen und Arbeiten, wo immer es not tat, so gut sie konnte. Die übrige Dorfgemeinschaft nahm regen Anteil an dem Schicksal des »im Sterben Liegenden«, erkundigte sich häufig nach seinem Befinden und betete für sein Heil.

Eine besonders fromme und ehrfürchtige Form solchen Gemeinschaftsbetens für den schwerkrank Darniederliegenden oder Sterbenden wurde bis in die jünste Zeit in dem Brauch des Betens der Sieben Fußfälle geübt.

In Simmerath-Eicherscheid (Monschauer Land) ist er heute noch lebendig in allen Fällen, »wenn jemand schwer krank ist, z. B. bei einer jungen Frau, die an Leukämie litt«, erzählte uns ein Dorfbewohner. »Da joh me de Foßfäll bädde.«

In Niederbettingen tat eine alte Frau mit den Mädchen, die noch zur Schule gingen, noch 1959 den Bittgang zu den Sieben Kreuzen für ein 13 Monate altes Kind, das sich am kochendheißen Wasser fast zu Tode verbrüht hatte. Manche 60jährigen am Ort kennen den Brauch noch gut aus ihrer Kindheit und können die einzelnen Kreuze, an denen sie selber mitgebetet haben, genau bezeichnen. Es handelt sich dabei durchweg um gut erhaltene Wegkreuze im Dorf und in der Gemarkung. Für Gerolstein hat Batti Dohm sie 1954 alle dargestellt. In Nideggen-Muldenau hat man die sieben Bildstöcke in die Kirchhofsmauer eingefügt, wenn auch ihre Sandsteinreliefs inzwischen stark verwittert sind. In Münstereifel führten die alten Fußfälle »den Radberg hinauf über Rodert zum Michelsberg« (Moll). Die neuen Fußfälle, kleine Heiligenhäuschen mit halbrunder Kuppe und vergitterter Nische, ließen die frommen Stifter 1731 an der Landstraße von Münstereifel nach Eicherscheid errichten.

1955 schreibt G. J. Meyer: »In Neunkirchen und Waldkönigen (Kreis Daun) hat vor etwa 25 Jahren (um 1930) der Pfarrer die morschgewordenen Holzkreuze, die als die ›Sieben Kreuze‹ (Sieben Fußfälle) in den Dörfern bekannt waren, durch kleine Basaltkreuze ersetzen (lassen). Noch in recht vielen Dörfern des Kreises kennt man den Gang zu den sieben Kreuzen, und er wird auch noch dort gepflegt. Früher war er in der Eifel allgemein bekannt.«

Über die Pflege des Brauches in den Kreisen Daun und Prüm berichtet G. J. Meyer weiter: »Der Gang zu den ›Sieben Kreuzen‹, auch die ›Sieben Fußfälle‹ genannt, ist im Kreise Daun wie auch im Kreise Prüm noch in zahlreichen Orten bekannt. Wenn im Dorfe jemand übermäßig lange in den Todes-

kämpfen liegt, dann schicken die Angehörigen die Kinder zu den ›Sieben Kreuzen‹ beten. Es sind dies sieben Kreuze auf der Dorfgemarkung, die von der betenden Kinderschar in einer bestimmten Reihenfolge besucht werden. Man kniet vor jedem Kreuz und betet mehrere Vaterunser mit dem Zusatz: ›Herr, gib dem Kranken, was ihm zum Heile dient!‹«

Darscheid bei Daun beschreibt Meyer ausführlich als »Ort, in dem noch der Gang zu den 7 Kreuzen bekannt ist und wo er auch noch geübt wird. Vom Friedhof zum Waldrand hin, am Weg, der hin gen Mehren geht – es ist der alte Messepfad, denn Darscheid gehörte früher zur Pfarrei Mehren –, da stehen noch die 7 Kreuze, die von den Kindern besucht werden, wenn jemand im Ort schwer erkrankt ist und die Krankheit keine Wendung nehmen will. Es ist eine Strecke von etwa 500 m.«

Guthausen schildert den Brauch der Sieben Fußfälle für Dahlem im Kronenburger Land so: »Bald nach dem Verscheiden erklangen die Totenglocken und verkündeten den Leuten des Dorfes, daß jemand gestorben war. ... Das hörte man am ›Kleppen‹, dem Anschlagen der Glocken in vereinzelten Schlägen. Wenn es ›für einen jeklepp‹ hatte, dann war er tot. Eine Gruppe von Kindern – bei Männern nahm man Knaben, bei Frauen Mädchen – ging die ›Sieben Fußfälle‹ beten. Jedes Kind erhielt danach eine ›Weckbottesch‹ und oft einen Groschen.«

Von Wrede erfahren wir, daß es sich bei der Siebenzahl nicht nur um sieben Kreuze oder sieben Fußfälle handelte, sondern auch um sieben Mädchen des Dorfes, die jeweils das Beten besorgten. »Um dem mit dem Tode ringenden Nachbarn das Sterben zu erleichtern, rief man sieben Dorfmädchen zusammen und sagte ›Laaft (lauft) de sieve Kreuzer jon‹ (West- und Mitteleifel), ›de sibbe Foßfäll dohn‹ (Nordeifel). Die Mädchen gingen dann gemeinsam betend zu sieben einzelnen Bildstöcken und Wegkreuzen und verrichteten auch vor einem jeden ein kurzes Gebet. ›Hen

(er, der Sterbende) as (ist) ewell (aber) ruhiger jen (geworden)‹, glaubte man dann feststellen zu können und führte die Beruhigung auf die Beterinnen zurück. Nach dem Begräbnis lohnte man es ihnen mit Kaffee und Kuchen im Sterbehaus« (Wrede).

Eine besonders umfassende und ausgezeichnet belegte Darstellung des vielseitigen Brauches verdanken wir Matthias Zender. Auf Grund einer um 1930 durchgeführten volkskundlichen Erhebung kommt er zu folgendem Ergebnis: »Liegt ein Nachbar im Sterben, dauert der Todeskampf lange, oder auch nach dem Tode vor dem Begräbnis beten meist 7 unbescholtene Mädchen, 7 (Schul-) Kinder, eine ältere Frau mit 7 Kindern, bei männlichen Toten 7 Knaben oder 4 Knaben und 3 Mädchen, bei weiblichen 7 Mädchen oder 4 Mädchen und 3 Knaben, die oft aus der Schulstunde abberufen werden, die Sieben Fußfälle. Damit bezeichnet man heute meist 7 Kreuze an den Dorfstraßen oder in der Flur, an wenigen Stellen wirklich noch Reliefs mit Szenen aus dem Leiden Christi, eben den sogenannten Fällen, oder mit der Darstellung der Sieben Schmerzen Mariens. Dort, wo man noch die ausführliche Form dieses Ganges kennt, ziehen die Beterinnen vom Bette des Sterbenden aus. So in Schleiden: Lückerath, Roggendorf, Herhahn, Urft. Nach einem Gebet reichen sie dem Sterbenden die Hand (Schleiden: Herhahn), erhalten von ihm Opfergeld und sagen etwa: ›Ich hoellen Üch durch die sewwen Fossfäll Ür Leed su vell af, als ich kann‹ (Schleiden: Herhahn, Morsbach). Die Beterinnen übernahmen also gewissermaßen das Leid des Sterbenden ... und übertragen es auf den leidenden Christus. Danach gehen sie in strenger Ordnung, ein Kind hinter dem anderen im Gänsemarsch (Schleiden: Gemünd), ohne sich stören zu lassen (Schleiden: Dottel), ohne sich umzusehen (Schleiden: Hekken), betend über die Straße zu den Fußfällen. Unterwegs machen ihnen die Entgegenkommenden den Weg frei, die Fuhrwerke halten am Straßenrand an, Herden werden zur Seite getrieben und alle, denen die Mädchen begegnen, bleiben einen Augenblick mitbetend stehen. Auf dem Wege beten sie den Schmerzhaften Rosenkranz, an den Fußfällen, vielleicht mit ausgestreckten Armen (Prüm), die Fünf Wunden oder besonders oft 7 Vaterunser, zum Teil in Vereinfachung des Fünf-Wunden-Gebetes nur 5 Vaterunser. Auch bestimmte Gebete zu den Sieben Schmerzen Mariens kommen vor. Vom letzten Aufenthalt (meist in der Kirche) kehren sie in gleicher Weise wie auf dem Hinweg ins Sterbehaus, manchmal sogar zum Sterbenden (Schleiden: Roggendorf, Herhahn, Urft) zurück, beten, falls der Todeskampf, der nach dem Glauben des Volkes nach diesem Gebet eigentlich vorbei sein soll, noch nicht zu Ende ist, mit dem Sterbenden das Fünf-Wunden-Gebet (Schleiden: Herhahn, Morsbach). Danach erhalten sie als Belohnung Kaffee mit Stuten (Ahrweiler: Krälingen, Schleiden: Nettersheim, Zülpich-Hoven) oder gar einen süßen Schnaps (Rheinbach: Esch). Der armen Frau, die die Kinder begleitet, schenkt man ein Brot (Rheinbach: Metternich). In Daun: Schalkenmehren erhalten alle beteiligten Kinder gesegnetes trockenes Brot . . .

In der Gegenwart . . . betet man für das Wohl des Kranken, für ›eine glückselige Sterbestunde‹ oder gar mit Rücksicht auf das heutige Empfinden der Angehörigen für Besserung und Gesundung.«

Manchem älteren Eifelbewohner ist noch das Wort geläufig: »Us dr Nut (Not) kütt mr en dr Dut (Tod).« So konnte das Sterben in der Eifel auch gelegentlich eine im besonderen Sinn »erlösende« sowie manchmal sogar komische Seite haben. Überliefert ist uns die Schmunzelgeschichte vom Eifelbauern Mättes Spirkel, der im Sterben lag. »Ach Gott, das Scheiden von dieser buckligen Welt fiel ihm nicht schwer. Das Leben an der Seite seiner geizigen Frau war freudlos geblieben; es war ein einziges Placken und Schinden gewesen. Sie war so geizig wie ein abgenagter Knochen, nichts hatte sie ihm gegönnt.

Jetzt saß die Frau bei ihm am Sterbebett und wartete ungeduldig auf seinen Tod. Jedoch der Tod ließ sich nicht von ihr befehlen; die ganze Nacht zog sich das Sterben hin, erst gegen Morgen ging es mit ihm zu Ende. Als sie es merkte, zündete sie schnell die Sterbekerze an, die schon bereitstand. Da stieß im Stalle die Kuh ihren Ruf in die Morgendämmerung. Die Frau horchte hinaus, als dann auch die zweite Kuh ihr Muh lang und laut hören ließ, stand sie hastig auf und schritt hinaus, die Tiere zu melken. In der Tür aber wandte sie sich noch einmal um und – beinahe hätte sie es vergessen – sagte zu dem Manne, der dort mit dem letzten Verröcheln rang: ›Wat ich noch saon wollt, Mättes, vergiß et net! Wannste dut bes: blaos de Keerz aus!‹« (Kremer).

Von manchem Verstorbenen sagt man auch in der Eifel, er habe einen »schönen Tod« gehabt. Eine besonders gesteigerte Form solcher Ausdrucksweise brachte Müllers Lenz (Gerolstein) zustande. Josef Böffgen berichtet darüber folgendes: »Lenzens Onkel starb. Man fragte: ›Ist er denn gut gestorben?‹ ›Oh, dän oß esu schihn jestorwe, esu schihn, m'r hatten oos wahr Pläsir drän!‹«

Ewiges Leben schenke ihnen, o Herr! / Beerdigung

Hanni war mit Leib und Seele »Eisenbähner« gewesen, und seinem Wunsche entsprechend war er auch in seiner Uniform beerdigt worden. Seine Frau bestimmte ähnlich für sich: »Esch moß dat joode schwarze Kleed aantrecke.« Kurz vor ihrem Tode geriet die Gute aber in eine bedrückende Gewissensqual über die rechte Kleiderordnung für ihre »letzte Reise«. Die Krankenschwester im Euskirchener Krankenhaus wollte ihr ein Totenhemd »opschwätze«. Schließlich setzte sich jedoch auch hier am Rande der Eifel ein alter »Jirrelsteener« (Gerolsteiner) Brauch durch. Das überzeugende Zureden der eigenen Tochter hatte seine Wirkung nicht verfehlt: »Modter, dou kannst doch net em Dudehemd do ovve aankomme, wenn d'r Vatter en d'r Uniform do oß!« Es blieb also bei dem schwarzen Kleid.

»Mein Opa hatte im Sarg den schwarzen Anzug an und ein weißes Hemd mit Schlips und Kragen«, erzählte 6 km nördlich von Gerolstein im kleinen Kylldorf die Enkelin eines anderen Verstorbenen. »Das ist hier so üblich!«

»Meine Mutter ließ sich kurz vor ihrem Tode einen Rasierapparat meines Sohnes geben, um sich die langen Härchen im Gesicht abzumachen«, war weiter zu hören.

Zur Beerdigung, wohlgemerkt zur eigenen, macht »man« sich hier eben »fein«. Man »zieht« das beste, das gute schwarze Kleid oder den schwarzen Anzug an, den für die feierlichen Gelegenheiten des Lebens, erst recht für die letzte Reise, zum Herrgott.

Daß aber im Gerolsteiner Land die Ausgaben bei Beerdigungen nicht immer so großzügig kalkuliert wurden, wie das Einsargen der Leiche mit dem schwarzen Anzug oder dem besten Kleid vermuten läßt, zeigt eine Anekdote über eine Sargbestellung beim Schreiner, der den gewünschten Sarg dann erst anfertigen mußte. »Oma war gestorben. Der Enkel war in der ganzen Familie bekannt als nicht

gerade sehr freigebig. So ging er zum Schreiner, um sich nach dem Preis für einen Sarg zu erkundigen. 800 Mark schienen ihm denn doch ein eindeutig überzogener Preis zu sein. Der Schreiner machte ein anderes Angebot, aber auch das reichte nahe an die 500 Mark heran. Auch dieses wurde abgelehnt. Darauf der Schreiner: ›Esch maachen d'r en annere Vorschlach: Breng die Oma her, da maachen esch d'r e paar Henken drän!‹« (Böffgen).

Vielfach ist es auf dem Eifeldorf auch heute noch üblich, den eingesargten Toten kurz vor der Beerdigung an der Kirche oder am Trauerhaus aufzubahren, zumal dort, wo noch keine Friedhofskapelle mit Leichenhalle vorhanden ist. Hier vor dem Hause werden dann auch zunächst alle Kränze und Blumensträuße, die man zu Ehren des Verstorbenen mitgebracht hat, abgelegt, bevor sie aufs Grab kommen. Immer noch wendet man dann die altbewährte Methode an, den Sarg mit dem Kopf- und Fußende auf je einen Stuhl zu stellen, damit man ihn später leicht abheben kann. Priester und Meßdiener sowie die ganze Trauerversammlung finden sich am Sarge des Toten ein zu einem kurzen Gebet, aber auch, um ihm das letzte Geleit zu geben. Nicht immer ist der Trauergast, der von auswärts kommt – was schon ein anderes Dorf sein kann –, mit den Sitten des Ortes vertraut. Das mag für ihn zu Verhaltensschwierigkeiten führen, die er nach Möglichkeit so lösen möchte, daß er nicht unangenehm auffällt. Immerhin trifft er ja nicht nur selbst auf der Beerdigung viele Menschen, sondern er wird auch von vielen anderen beobachtet.

Über solch einen Lösungsversuch für Verhaltensprobleme am aufgebahrten Totensarg wurde uns ebenfalls aus der mittleren Eifel ein schönes Beispiel überliefert.

»Lihn (Lena) hatte ihre Kusine nur selten gesehen. Bei ihrer Heirat war diese nämlich in ein anderes Dorf gezogen. Dort aber waren die Bräuche ganz anders als daheim, und

das machte Lihn, die zur Beerdigung ihrer Kusine gekommen war, unsicher im Auftreten. Besser sich erkundigen, als ins Fettnäpfchen treten, dachte sie, und so fragte sie denn die Nachbarin, die sie kannte: ›Wie oß et hej Moden, jitt (wird) hej em Ho-us jekresch (geweint) oder op dem Kirchhoff?‹« (Böffgen).

Die Beerdigung, die früher morgens stattfand, ist heute meistens am frühen Nachmittag, ebenso das erste Totenamt, »um den Leuten den vielen Aufwand zu ersparen«, wie man uns sagte. Sonst wickelt sich vieles noch weitgehend so ab, wie Wrede es 1960 beschreibt: »Die Leiche zur Beerdigung zu begleiten und der Trauerfeier (in der Kirche, den sogenannten Exequien) beizuwohnen, gilt als hochheilige Pflicht. Daher sieht man außer den Nachbarn auch viele andere Dorfbewohner hinter dem Trauerzug gehen« (Wrede). Je nach sozialer Stellung des Verstorbenen oder gar, wenn er in der Kommunalpolitik eine besondere Rolle gespielt hat, fassen die Dorfstraßen heute kaum die Autos der Trauergäste, die von auswärts kommen. Eine ähnliche Fülle zeigt sich natürlich auf dem Friedhof sowie im Trauergottesdienst vor- oder nachher in der Dorfkirche, die diesem Andrang nicht immer gewachsen ist. Mancher Pastor sähe gerne soviel Beteiligung wie auf Beerdigungen bei Taufen, bei einem Erdenbürger also, »der das Leben noch vor sich hat«.

Der Bewohner des Eifeldorfes ist von Natur aus kein Freund vieler und erst recht nicht langer Reden. Wer ihm hierin zuviel zumutet, »ze vell schwätzt«, büßt schnell an Vertrauen oder Ansehen ein. Wenn die Grabreden nicht zu lang geraten und die Worte auch richtig zu Herzen gehen, findet er sie ausgesprochen »schön«. Auf einen »schönen Dienst« des Pastors in der Kirche legt er großen Wert. Nicht jedem geweihten Herrn gelingen auf Anhieb die nötigen Kunstgriffe. Ob in unserer nachfolgenden »historischen« Grabrede der Pastor das rhetorische Glück auf seiner Seite hatte, möge der Leser selber entscheiden.

»Ein reicher Mann war gestorben. Wie es so Brauch war damals, bestellte der Dorfpfarrer seine beiden Nachbarpfarrer, damit man ein ›dreispänniges‹ Amt zur Beerdigung halte. In Anbetracht der starken Neigung zum Alkohol, die der Verstorbene zu seinen Lebzeiten gezeigt hatte, war die Grabrede nicht ganz leicht. So versuchte der Pfarrer in einem Vergleich auszudrücken, was er zu sagen hatte: ›Womit sollen wir den lieben Verstorbenen vergleichen? Mit dem Sonnenlicht? – Nein, das ist zu grell. Mit den Sternen? – Die haben zu wenig Leuchtkraft. Mit dem Mond? – Das geht auch nicht, denn *der* ist nur einmal im Monat voll!‹« (Böffgen)

Wie stark sich das Beerdigungsbrauchtum in unserm Jahrhundert auf dem Eifeldorf gewandelt hat, zeigt auch ein Kurzbericht aus Dahlem im Kronenburger Land. »Jeden Abend bis zur Beerdigung versammelten sich Verwandte und Bekannte zur Totenwache im Sterbehause. Man betete Rosenkränze und stärkte sich in den Gebetspausen mit Branntwein. Dieser Brauch wurde zur Unsitte. Die Totenwache verlegte man dann in die Kirche (allerdings ohne Pausen mit Branntwein). Noch um die Jahrhundertwende trugen vier Träger aus der Nachbarschaft des Toten den Sarg auf einer Bahre, und zwar auf den Schultern. Für diesen Liebesdienst wurden sie zum ›Begängnis‹ eingeladen. Das war eine Mahlzeit mit Kaffee und Kuchen zum Gedächtnis des Verstorbenen. Wie zum Kindesessen steuerten auch zum ›Begängnis‹ die Verwandten und Nachbarn ihren Teil bei. Zu Beginn des Mahles sprachen die Anwesenden ein gemeinsames Gebet, das meist aus einer langen Reihe von Vaterunsern bestand. Der älteste Verwandte des Verstorbenen – es mußte ein Mann sein – gab die Meinung der Gebete an. Nachdem man ausreichend dem Gebäck zugesprochen hatte, gab es zum Abschluß meistens noch einen Schnaps. Ein nochmaliges Gebet für den Verstorbenen schloß das ›Begängnis‹« (Guthausen).

Auch wenn das »Sechswochenamt« als zweite Totenmesse für den Verstorbenen gehalten ist, bleiben die Angehörigen auch heute noch eine Zeitlang »in Trauer«. Sie tragen, je nach Verwandtschaftsgrad, in unterschiedlicher Weise und für unterschiedliche Dauer Trauerkleidung, in der Regel die Frauen schwarze Kleider, Blusen und Röcke, die Männer dunkle Anzüge mit schwarzem Schlips. Auf Vergnügungen und Feste, wie Tanzveranstaltungen oder Hochzeiten, wird noch weitgehend bis zu einem Jahr lang zu Ehren des Verstorbenen verzichtet. Allerdings sind die Trauersitten längst nicht mehr so augenfällig wie früher, wo es z. B. auf dem Maifeld Brauch war, »daß die Mannspersonen beim Tode eines Anverwandten ein Jahr und sechs Wochen Trauer trugen« und sich als Zeichen dessen »am Rocke schwarze Aufschläge, schwarze Knöpfe und Knopflöcher machen (ließen) . . . eine schwarze Hose und um den Hut einen Flor« trugen.

Das erste Jahrgedächtnis für den Verstorbenen führt dann die Sippe nicht nur in der Messe noch einmal zusammen. Man stellt fest, wie schnell die Zeit vergangen ist, wie die nächsten Angehörigen den Verlust des Dahingeschiedenen »verwunden« haben, und man bedauert nicht selten, daß man sich nicht zwischendurch gesehen hat. Beerdigungsbräuche ehren den Verstorbenen, aber sie kommen auch in vielfältiger Weise den Lebenden zugute.

So finden Jahreskreis und Lebenslauf des Menschen ihren »sinnenhaften Ausdruck im Brauchtum, in dem sich symbolhaft ausdrückt, was den Menschen und die menschlichen Gemeinschaften im Innersten beseelt und bewegt« (Klersch). Lebendige Bräuche sind Seelenspeise für Verstand, Herz und Gemüt. Ihre liebevolle Pflege verbindet die Generationen der Vergangenheit über die der Gegenwart mit denen der Zukunft.

Nicht ohne Grund sind Bräuche richtig verstanden »Gebräuche«, also das, was in Gebrauch ist, aber auch gebraucht wird.

Literaturverzeichnis

Adam, Adolf, Das Kirchenjahr mitfeiern, Freiburg i. B. 1979

Arndt, Ernst Moritz, Wanderungen rund um Bonn ins rheinische Land, herausgegeben und eingeleitet von Hermann Kochs, Köln 1978

Baales, Peter, „Dä Hillig" ist der Abend, bevor das Brautpaar „en dr Kaaste kött", in: Kölnische Rundschau, Eifelland, Nr. 91 v. 18. 4. 1980

Bertrang, Werner, Der du uns den Viez genommen hast . . ., in: Heimatkalender 1979 für den Kreis Bitburg-Prüm, S. 138

Die Bibel / Einheitsübersetzung, Altes und Neues Testament, Freiburg-Basel-Wien 1980

Böffgen, Josef, Gerolstein in alten Ansichten, Zaltbommel/Niederlande 1977

Ders., Brunnenstadt Gerolstein – Alte und neue Bilder, Zaltbommel/Niederlande 1978

Ders., Gerolsteiner Schmunzelbüchlein, Gerolstein o. J. (1978)

Borger, Hugo, Rom des Nordens – Die Entwicklung der Stadt Köln und die Vorgänger ihrer Kathedrale, in: Das Hohe Haus, Sonderausgabe der Kirchenzeitung für das Erzbistum Köln zum Domfest 1980, S. 8 f.

Bram, Franziska, Eifeler Märkte, in: Eifel-Kalender für das Jahr 1926, S. 84 ff.

Dahmen, Heinrich Josef, Heimatliches Brauchtum am Allerheiligenabend, in: Heimatkalender 1969 Kreis Euskirchen, S. 102

Daun-Gerolsteiner Wochenspiegel, Nr. 23/1980, S. 1

Dohm, Batti, Die geologischen Verhältnisse im Landkreis Daun in der Vulkaneifel, 2. erweiterte Auflage, Koblenz 1976

Ders., Die Sieben Fußfälle in Gerolstein, in: Die Eifel, Monatszeitschrift des Eifelvereins, 47. Jg., Nr. 2 Febr. 1954, S. 24

Ehlenz, Elfriede, Der hl. Nikolaus war bestimmt kein Knieskopp, in: Heimatbrief Nr. 18 des Heimatvereins Niederbettingen (Hillesheim), 1979, S. 32 f.

Eich, Joseph, Maifeier und Hochzeitsbrauch in der Mitteleifel, in: Eifel-Heimatbuch, Bonn 1924, S. 179 ff.

Festkomitee „800 Jahre Burg Nideggen", Festschrift anläßlich des 800jährigen Bestehens der Burg Nideggen 1977/78, Düren o. J. (1977)

Frankfurter Allgemeine Magazin, Heft 16 v. 20. 6. 1980, S. 4 „Über Leute"

Freppert, P., Das „Höttenbrennen", ein uralter Brauch der Eifel, in: Monatszeitschrift Die Eifel, 47. Jg., Nr. 2, Febr. 1954, S. 22

Gebet- und Gesangbuch für das Erzbistum Köln, Köln 1949

Gotteslob – Katholisches Gebet- und Gesangbuch, Ausgabe für das Erzbistum Köln, Köln 1975

Gotteslob – Katholisches Gebet- und Gesangbuch, Ausgabe für das Bistum Trier, Trier 1975

Guthausen, Karl, Schmitz, Johann, Zimmers, Peter, Dahlem/Eifel, Heimatbuch 2. Aufl., Dahlem/Eifel 1978

Guthausen, Karl, Kallmuth/Dorf am Pflugberg, Schleiden 1976

Hay, Wilhelm, Fronleichnam im Eifeldorf, in: Rheinisches Lesebuch, Dortmund o. J., S. 92 ff.

Ders., Wir fuhren ins Heu, in: Eifel-Kalender 1943, S. 123

Henrichs, Norbert, Kult und Brauchtum im Kirchenjahr, Düsseldorf 1967

Herder Lexikon Symbole, bearbeitet von Marianne Oesterreicher-Mollwo, 3. Aufl., Freiburg 1980

25 Jahre Hillesheimer Karneval 1951–1976, Hillesheim o. J. (1976)

Katzfey, Jakob, Geschichte der Stadt Münstereifel und der nachbarlichen Ortschaften, Köln 1854

Klersch, Joseph, Volkstum und Volksleben in Köln, Köln 1979

Klippel, Eduard, Schweineschlachten in der Eifel um die Jahrhundertwende, unveröffentl. Manuskript in Meyer, Hubert, Nachgelassene Papiere, S. 74

Krämer, Paul, Heimatbuch Lissingen/Eifel, Lissingen 1962

Kremer, Peter, Advent im Eifeldorf vor 70 Jahren, in: Jahrbuch 1979 des Kreises Daun, S. 179 ff.

Ders., Das lachende Eifeldorf, in: Merian-Heft Nr. 4, Die Eifel, Hamburg 1954, S. 65 ff.

Kultur- und Fremdenverkehrsamt Stadt Wittlich, Informationsblatt und Protokoll zur Säubrennerkirmes '80

Lehmann, Hans und Heidi, Vom Volksbrauch im Winter, München o. J. (1963)

Lemling, Bernhard, Eifelland du mein Heimatland, Trier o. J. (1979)

Lentz, Vom Krautwisch, in: Eifel-Heimatbuch, Bonn 1924, S. 197 ff.

Leson, Willy (Hrsg.), So lebten sie in der Eifel, Texte und Bilder von Zeitgenossen, Köln 1977

Linden, Rainer, Kläpperjungen 1976, in: Heimatbrief Nr. 4 des Heimatvereins Niederbettingen (Hillesheim), 1976, S. 4

Meisen, Karl, Sankt Martin im volkstümlichen Glauben und Brauch, in: Heimatkalender 1970, Kreis Euskirchen, S. 60 ff.

Melchers, Erna und Hans, Das große Buch der Heiligen – Geschichte und Legende im Jahreslauf, bearbeitet von Carlo Melchers, 3. Aufl., München 1979

Meyer, Georg Jakob, Wegkreuze und Bildstöcke im Kreis Daun, Daun 1955

Meyer, Hubert, Dörfliche Fastnacht in der Eifel, in: Rheinisches Jahrbuch für Volkskunde, 23. Jg., Bonn 1978, S. 137 ff.

Ders., Blankenheimer Museumsbrief, Nr. 1/1972, 3/'72, 1/'74

Ders., Dörfliche Pfingsten, in: Kölnische Rundschau, Ausgabe Kreis Schleiden v. 28. 5. 1955

Ders., Krautwöschtag in der Eifel, in: Kölnische Rundschau, Ausgabe Kreis Schleiden v. 20. 8. 1955

Ders., Erste Martinsfeiern in der Eifel, in: Kölnische Rundschau, Ausgabe Kreis Schleiden v. 12. 11. 1954

Ders., Das erste Licht am Adventskranz, in: Kölnische Rundschau, Ausgabe Kreis Schleiden, v. 28. 11. 1953

Ders., Nachgelassene Papiere (unveröffentlicht), überlassen von Frau Anny Meyer

Ders., Wittlich so wie es war, Düsseldorf 1978

Meyer Ursula, Ausdrucksformen religiösen Brauchtums im Bereich der Eifel, unveröffentl. Manuskript, Prüfungsarbeit der Pädagogischen Hochschule Aachen, 1963

Meyers, Josef, Eifeler Kirmes, in: Eifel-Heimatbuch, Bonn 1924, S. 200 ff.

Mitteilungsblatt für den Bereich der Verbandsgemeinde Gerolstein, Jahrgänge 1978, 1979, 1980 (bis Sept.)

Mitteilungsblatt für den Bereich der Verbandsgemeinde Hillesheim (ab 1980 Vulkaneifel Nord), Jahrgänge 1979 und 1980 (bis Sept.)

Moll, Anna, Die Fußfälle von Münstereifel, in: Eifelkalender 1952, S. 60

Neu, Heinrich, Ein trefflich rauh Land/Vermummen bei Leibsstraf verboten, in: Merian-Heft Nr. 4, Die Eifel, Hamburg 1954, S. 70 ff.

Redagne, Toni, Kindtauf in der Westeifel, in: Eifel-Kalender für das Jahr 1926, S. 94 f.

Ruland, Josef, Christmas in Germany, Bonn 1978

Ders., Vom Winzerleben an der Ahr, in: Festschrift Matthias Zender – Studien zu Volkskultur, Sprache und Landesgeschichte, Bonn 1972, S. 609 ff.

Schmalz, Heinz, Heimisches Brauchtum im Wandel der Zeit, in: Heimat-Jahrbuch 1979 für den Kreis Ahrweiler, S. 128 ff.

Schmitz, Johann Hubert, Sitten und Sagen, Lieder, Sprichwörter und Räthsel des Eifler Volkes, nebst einem Idiotikon, Trier 1856

Schnitzler, Theodor, Kirchenjahr und Brauchtum neu entdeckt, Freiburg i.B. 1977, 4. Aufl.

Schott, Anselm, Das Meßbuch der heiligen Kirche, Freiburg 1952, 54. Aufl.

Schreiber, Johann und Müller, Rolf, Schönecker Eierlage, 3. Aufl., o.O. und o.J.

Schröder, Ida, Kinder setzen in Frohngau Fastelovend-

brauch fort, in: Kölnische Rundschau (Schl) v. 8. 2. 1978

St. Sebastianus Schützenbruderschaft Lissingen, Festschrift zum 40jährigen Bestehen . . . 1971, Hillesheim o.J. (1971)

Theis, Hans, Neuerburger Märkte im Wandel der Zeiten, in: Die Eifel, Monatszeitschrift des Eifelvereins, 47. Jg., Nr. 2 Febr. 1954, S. 24

Trierischer Volksfreund, Auf Eifelhöhen lodern die Burgfeuer, Ausgabe Nr. 46/1980 v. 23./24. 2. 1980, S. 10

Ders., Zum Auftakt Böllerschuß, Ausgabe Nr. 81/1980 v. 5.–7. 4. 80, S. 7

Wagner, Herbert, Kerpen (Hohe Eifel), Heft 233 der Reihe Rheinische Kunststätten, Neuss 1980

Weiß, Peter Josef, „Sklavenmärkte" und verschenkte Kinder, in: Jahrbuch 1976 des Kreises Daun, S. 78 ff.

Wrede, Adam, Eifeler Volkskunde, 3. Aufl., Bonn 1960

Ders., Rheinische Volkskunde, 2. Aufl., Frankfurt 1979

Zender, Matthias, Das Volksleben in den Rheinlanden seit 1815, in: Rheinische Geschichte, Band 3, herausgegeben von Franz Petri und Georg Droege, Düsseldorf 1979, S. 763 ff.

Ders., Gestalt und Wandel, Aufsätze zur rheinisch-westfälischen Volkskunde und Kulturraumforschung, Bonn 1977

Ders., Sitte und Brauch, in: Die Eifel – Land der Maare und Vulkane, herausgegeben von Josef Schramm, 3. Aufl., Essen 1974

Ders., Brauch und Sagen als Spiegelbild des Volkslebens in seiner Sonderheit, in: Zusammendruck der Vorträge einer Tagung des Rheinischen Vereins 1977, Brühl 1978

Ders., Die Eifel zwischen Tradition und Neuerung, in: Die Eifel, Zeitschrift des Eifelvereins, Jg. 75, Heft 4/ 1978, S. 223 ff.

Zender M.(ichael), Martinsbrauch und Martinslieder im Eifelland, in: Eifel-Heimatbuch, Bonn 1924, S. 204 ff.

Zirbes, Peter, Chresdagmorgen, in: Rheinisches Lesebuch, Dortmund o.J., S. 80 ff.

Die Autoren

Rolf Dettmann, Bildermacher in Kronenburg, geboren 1915. Studium der Malerei und
Grafik an der Staatlichen Kunstakademie
Düsseldorf und Schüler von Professor Jung-
hanns. Später Schüler von Professor Peiner in
der Klasse für Malerei und Wandgestaltung.
Seit 1971 vor allem bekanntgeworden durch
seine Frottage-Monotypien und den
Schwarz-Weiß-Zeichen-Zyklus „Dürer-Me-
tamorphosen" der Jahre 1974/75.
Seit 1936 Wohnsitz in Kronenburg.

Matthias Weber, Professor an der Fachhoch-
schule Köln, geboren 1928. Mit der Eifel seit
1966 besonders verbunden durch zweiten
Wohnsitz in Hillesheim-Niederbettingen.
Verantwortlich für die Niederbettinger
„Heimatbriefe". Veröffentlichungen in Eifel-
jahrbüchern.